欧/洲/管/理/经/典

转变

应对复杂新世界的
思维方式

[奥] 弗雷德蒙德·马利克（Fredmund Malik）◎著
黄延峰 ◎译

NAVIGIEREN
IN ZEITEN DES UMBRUCHS
DIE WELT NEU DENKEN
UND GESTALTEN

机械工业出版社
China Machine Press

图书在版编目（CIP）数据

转变：应对复杂新世界的思维方式 /（奥）弗雷德蒙德·马利克（Fredmund Malik）著；黄延峰译 . —北京：机械工业出版社，2017.4（2024.4重印）
（欧洲管理经典）
书名原文：Navigating into the Unknown：A New Way for Management, Governance and Leadership

ISBN 978-7-111-56451-5

I. 转⋯ II. ①弗⋯ ②黄⋯ III. 企业管理 – 研究 IV. F272

中国版本图书馆 CIP 数据核字（2017）第 053084 号

北京市版权局著作权合同登记　图字：01-2017-0735 号。

Fredmund Malik. Navigating into the Unknown：A New Way for Management, Governance and Leadership（Navigieren in Zeiten des Umbruchs: Die Welt neu denken und Gestalten）.

Copyright © 2016 by Campus Verlag GmbH, Frankfurt am Main.

Simplified Chinese Translation Copyright © 2017 by China Machine Press.

Simplified Chinese translation rights arranged with Campus Verlag GmbH, Frankfurt am Main through Andrew Nurnberg Associates International Ltd. This edition is authorized for sale in the Chinese mainland (excluding Hong Kong SAR, Macao SAR and Taiwan).

No part of this book may be reproduced or transmitted in any form or by any means, electronic or mechanical, including photocopying, recording or any information storage and retrieval system, without permission, in writing, from the publisher.

All rights reserved.

本书中文简体字版由 Campus Verlag GmbH, Frankfurt am Main 通过 Andrew Nurnberg Associates International Ltd. 授权机械工业出版社在中国大陆地区（不包括香港、澳门特别行政区及台湾地区）独家出版发行。未经出版者书面许可，不得以任何方式抄袭、复制或节录本书中的任何部分。

转变：应对复杂新世界的思维方式

出版发行：机械工业出版社（北京市西城区百万庄大街22号　邮政编码：100037）
责任编辑：董凤凤
责任校对：殷　虹
印　　刷：北京建宏印刷有限公司
版　　次：2024年4月第1版第5次印刷
开　　本：147mm×210mm　1/32
印　　张：5.5
书　　号：ISBN 978-7-111-56451-5
定　　价：69.00元

客服电话：(010) 88361066　68326294

版权所有·侵权必究
封底无防伪标均为盗版

PREFACE
序言

如何确定我们当前的方位，如何明确我们的目的地，以及如何驾驭我们的船只驶向它，航海考验的是舵手的本领。

高超的航海技术是在未知的领域仍能辨明方向的能力。所谓"未知的领域"，即我们不确定自己处在什么位置，面对的目标是变动的，而且有几条路径可供选择。

展现在当今大多数组织面前的就是这样一个"新世界"。本书描述的就是在这种新世界里航行所需要的方法，包括在不确定和极其复杂的条件下的思想原则和行为准则。

对于我们来说，新世界在很多方面都是未知的。尽管如此，我们还能了解些什么呢？或许我们已经知道很多了，只是还没有意识到而已。

比如，我们知道新事物是复杂的。管理复杂的局面将是我们要面临的最大的挑战。不管是什么样的组织，商业企业、医院也好，政府机关、学校、城市和国家也罢，概莫能外。我们知道，所有这些组织都需要在日渐复杂的情况下运行，没错，恰恰是这种复杂性使得它们运行得更好，而且运行方式也是全新的。本书阐述了应对复杂局面的方法和工具，以及系统控制论管理方法如何帮助我们掌控错综复杂的情况。

因此，尽管面临如此的不确定性，我们却能在这些变革时期从容应对。每前进一步，我们就会了解更多一点，因为与复杂性相匹配且拥有设计良好反馈回路的控制方法就是这样起作用的。

新世界诞生于21世纪巨变（great transformation 21），这是我在1997年新创的一个术语，因为我看到了在整个社会范围内持续进行的根本性变化过程。它可以让我们摆脱旧世界对组织和管理的约束，使得我们更好地行使职责，换成新的思维方式思考，并且设计出新的东西。

若非经过多年与各种高级管理团队中众多经理

人、客户和朋友的合作和探讨,以证明其内容有效,我是不会出版我的任何书籍的,这是我的原则。因此,我衷心地感谢他们。我还要感谢尤塔·谢勒(Jutta Scherer),以及与我长期合作的出版商坎普斯出版社(Campus Verlag),尤塔的翻译很有见地。[一]尤其要感谢我的同事和朋友——基思·罗伯茨(Keith Roberts)用挑剔的眼光审阅了我的英文手稿,安纳利萨·察科纳(Annaliza Tsakona)则发表了自己的意见,马利克管理中心的高级编辑塔玛拉·贝希特(Tamara Bechter)为本书的篇章结构和规划做出了贡献。

弗雷德蒙德·马利克(Fredmund Malik)
圣加仑(St. Gallen),2015 年 12 月

[一] 本书英文版是由尤塔·谢勒(Jutta Scherer)从德文版翻译而来。——译者注

CONTENTS
目录

序言

第 1 章 我们为何必须彻底转变思维方式 // 001

观察结果 // 002

第 2 章 21 世纪巨变 // 007

我们时代的标志？ // 008

从旧世界到新世界 // 009

彻底的改变 // 010

1997 年的旧世界 // 017

"古典管理"：一个即将过时的模型 // 020

几乎一切都要变 // 022

新世界的分娩之痛 // 024

仅有经济学还不够 // 025

功能障碍的危机 // 028

组织革命 // 029

第3章 变化的基本规律 // 033

增长、不确定性和创造性破坏示意图 // 035

驶向未知的世界 // 038

  错误的信号 // 038

需要三项而非一项战略 // 039

替代和体验创造性破坏 // 041

根本性的转变 // 042

勇立变革的潮头 // 045

第4章 推动转型的力量 // 047

人口问题 // 049

  移民与能力堡垒 // 049

  包容主义和排外主义 // 050

  几种社会类型同时存在 // 051

  复杂性社会即挑战 // 053

生态环境 // 054

  增长的极限 // 054

  企业领导人亲自参与 // 055

  陷于"什么"和"如何"的夹缝中 // 055

科学和技术 // 058

  从重大突破到世界新形象 // 058

  系统互联推动进步 // 059

  时空的分离 // 060

  管理知识 // 061

经济学和负债 // 063

　　　　雷曼兄弟和危机加速器　// 063

　　　　原因：美国企业的导航系统失灵　// 064

　　　　如何建立新秩序　// 068

　　作为主要驱动力的复杂性　// 069

第5章
05　**复杂性：构建新世界的基础**　// 071

　　旧思维方式的局限　// 074

　　何为复杂性？何为种类？　// 075

　　不可思议但可以管理　// 077

　　简单系统和复杂系统　// 080

　　有逻辑性的复杂还是杂乱无章的复杂　// 083

第6章
06　**系统失控？**　// 087

　　利用控制论的新治理：通信和控制　// 091

　　注重自我能力的控制论　// 095

　　经商办企业还不够　// 095

第7章
07　**组织运行的复杂性**　// 099

　　运行的两个层次　// 100

　　运营和管理任务　// 103

　　变化的常量：主控程序　// 104

　　主控程序如何发挥作用　// 106

　　　　系统策略　// 107

　　　　组织模式　// 109

　　　　组织问题　// 113

　　　　巨变的导航助手 //114
　　　　　　实时控制 //115
　　　　　　枢纽原则和一人负责制 //117
　　　　　　运行控制中心 //118
　　　　　　组织的神经系统：可生存系统模型 //120
　　　　　　组织反馈回路的敏感度模型 //122
　　　　　　变革的社会技术：协同整合 //123

第8章 **试探法：新世界的导航原则** //127
08
　　情况不确定时评估形势的原则 //130
　　控制能力和建立关系的原则 //132
　　信息原则 //134
　　说服力原则 //135

第9章 **从混乱之地到新目的地** //137
09
　　局限性的处理 //139
　　　　体现自我的领导力 //141
　　　　不断提升个人绩效 //143
　　当新事物出现时：按指示管理 //146
　　不只通信，还有元通信 //148
　　管理你的上司和同事 //149
　　富有激情的管理 //151

　　结语 //154
　　参考文献 //159
　　作者简介 //163

NAVIGATING

INTO THE UNKNOWN

01
第 1 章

我们为何必须彻底转变思维方式

我在哪里？"那地方"发生了什么事？我如何才能找到我的道路？我该怎么办？我如何知道我的选择是什么？在这个复杂的社会里，虽然智能手机和卫星导航系统已经让我们在地理上的迷惑大大减少，但在排除细分市场、技术、职业、学科和调节等困难，并取得进步方面，我们很多人仍然缺乏定向的能力。获得可靠的指导已成为这个社会所有组织的管理者面对的一项重大挑战。而其他人则让太多令人困惑的选择和可能性弄得不知所措。

观察结果

（1）就像目前的情况一样，唱反调的人比比皆是，告诉我们什么是不可能的，什么是做不到的，这些人的存在常常是深刻变革来临的一种标志。曾经正确的突然成了错误的。很多人在新事物中只看到了旧事物，就将他们的行动调节到了错误的方向。在变化的时代，这是一种常态。

（2）从我们已知的旧世界转向一个我们未知的新世界，企业和社会都面临着这个历史上最大的转型之一。这个转型几乎要改变一切：我们做什么、如何做和为什么做，以及我们是谁。

（3）新世界的最大挑战是其不断增加的复杂性。复杂性是地区和全球危机的次数逐步增加的主要原因。

> 新世界的最大挑战是其不断增加的复杂性。

（4）危机源于落伍的组织，它们没有能力掌控更加复杂的局面。越来越多的组织不堪重负，行动迟缓，效率低下，陷于瘫痪。

（5）这种能力的丧失是由一系列原因造成的，包括不很灵光的导航系统，始于20世纪的组织结构，对管理的理解陈旧过时，用过时的方法和工具引导、指引和影响等。

（6）正是由于这种能力的丧失，越来越多的组织采用错误的战略应对挑战。它们试图降低复杂性，以便可以抱残守缺，紧抓住那些已经过时的职能不放。在它们看来，复杂性是完全消极的东西。这种态度会阻止它们找到有效的解决办法，并进一步加重危机。

（7）正确的战略是利用复杂性。这是创建解决方案的唯一战略。应对复杂局面的灵活性是自我调节、自我组织以及所有重大成果创新和演变的基础。复杂性和差异性是新世界及其新的组织所赖以建立的基础。21世纪巨变的成功很大程度上取决于我们能否深刻地变革社会及其管理的组织结构。

> 应对复杂局面的灵活性是自我调节、自我组织以及所有重大成果创新和演变的基础。

（8）对一个健康运行的组织来说，充分了解复杂性和掌控复杂性的方法是它的关键资源所在。系统知识、反馈回路和控制机制的运用会让我们的效率大增，付出同样的时间和精力却收获更多。控制论知识将比金钱更重要，明智地授权自我组织的子业务单元将比抓住权力不放更重要。

（9）这同样也适用于整个社会。之前，人们基于"资本主义和社会主义是对立的"来进行政治分类,这种分类法已经过时了,因为在复杂的社会中,万事万物不存在一个最佳方式。我们需要一个新的集成系统取而代之,并把它当成在日益混乱的时代用于导航的指南针,这个系统即人体功能系统(human functionism)。

NAVIGATING
INTO THE UNKNOWN

02
第 2 章

21 世纪巨变

> 我们对世界的熟知改变了这个不断变化的世界的条件。
>
> ——卡尔·波普尔（Karl Popper）

我们时代的标志?

我会偶然遇到愿意跟我解释什么事情不能做的人,相比以往,现在的次数更多了。这种事情在各个管理层级上都有发生,甚至是最高层的管理者,其中包括在过去绝不会说出类似话的人。

在我看来,唱反调成癖的人在不断增加,这大概好像是我们这个时代的一个标志。如果我要是把犹豫不决和摇摆不定的人也算入其中,他们甚至占到了多数。过去习惯的"怎么都行"已经变成了"啥都不行"。

也就是说,当今老是唱反调的人已经跟旧时代有所不同了。他们往往不"只是反对它",通常还有充分的理由。很多理由甚至是正确的,因为事实上很多事情不可能了,或者说不再有可能了。

我把这当成是"这个世界一直在转变"的一个标志,之前的转变节奏缓慢,现在进入了加速和强化的阶段。人们意识到,这个社会越来越多的领域发生了根本性的变化,而且这些变化是不可逆转的。但多数人搞不清楚正在发生的事情。他们逐渐清醒地意识到自己迷失了方向。

> 人们意识到,这个社会越来越多的领域发生了根本性的变化,而且这些变化是不可逆转的。

在旧世界,很多事情因为行将逝去而失灵。在新世界,很多事情还不起作用,那是因为它们还没有通过试验和测验被加以完善。这正是为什么所有组织管理者的关键任务是寻找促使事情发生的方法。这全都关乎在重大变革的动荡时期如何导航的问题。我们正在踏进新的领域,却不知道如何应对它。

从旧世界到新世界

在世界各国,企业和社会正在经历最根本的变化之一,这在历史上曾经发生过。从我们已经了解的旧世界进入目前还未知的新世界,我们是这场深刻变革的目击者。新的秩序正在形成，社会运行的新模式亦如此，这种新模式即一种新的社会革命。

表面看似是金融危机、经济危机或债务危机，实际上从一个更大的角度来看待它们的出现，可以把它们理解成"新世界分娩的阵痛"。在新世界中，一切皆与过去习惯的方式不同。即使回想起来这种转变并没有造成那么大的灾难，我们也不会因为假设如此而犯战略性的错误。与低估其挑战性相比，高估它反而危险性较低。

彻底的改变

倘若转型产自总在开放的经济体系和国际社会中发生的渐进式创新和改变，你如何分辨它是一次真正的转型？

其中，第一部分答案在于整合跨越多个学科及其相互关系的知识领域，以及准确的历史知识。第二部分答案在于观察，即寻找你自己，而不是听信媒体告诉你的内容。第三部分答案在于提出问题，不仅要问关于底线的问题，而且要问关于上限的问题，可谓要把世界弄得天翻地覆。我们始终要自问一个同样的问题：这确实是真的吗？第四部分答案在于系统性思维：整体而言的理解和思考能力，不抹杀连接，反要建立连接，并关注新兴的模式。另外，你需要正确的方法理顺所有的事情。

更确切地说，要了解其背景，因为线性思维可能不会有什么帮助。汉斯·乌尔里希（Hans Ulrich）是圣加仑系统导向管理理论的创始人，对此，他进行了清晰的表达："整体思维是创造性的，因为它将以前被认为是无关联的东西联系了起来，由此创建了将个人的观察系统化的模式，得以让我们能够理解所看到的内容。"

关键是要把这些碎片组织起来，形成一个体系，使之成为一以贯之的整体。从整合的角度看，你会突然注意到在你分别考虑事情时不曾看到的东西，就像它们不在那里一样。为了正确判断其重要性，你需要模型——它们是知识的组织者，支持穿越未知领域的航行。

> 关键是要把这些碎片组织起来，形成一个体系，使之成为一以贯之的整体。

如同在实证社会研究中习惯成自然的那样，通常的做法就是不断地寻找新的数据，甚至更糟的是，还会没头没脑地躁狂，但这一挑战并非寻找新的数据。多年以前，持不同的态度是适宜的，因为那时的数据意味着重大的瓶颈，离开数据就没法活下去。现在我们拥有海量的数据，超过了我们的所需，多到我们无法用富有意义的方式加以处理。如果再认为更多的数据会导致更多的知识，拥有更多的知识就能得到更深刻的见解，那就很荒唐了。

更重要的是，我们质疑我们拥有数据的重要性。它们的重要性基于隐含于数据集的相互关系，甚至更重要的是，基于各因素间可能因时而变所建立的连接。

哥白尼开启了从地心说向日心说的变革，但他并非通过收集更多的数据而实现的。他接触到的数据、观察结果和观感与他同时代人的所看、所感是一样的。我认为他的特殊功绩在于他用不同的方式质疑这些数据的含义。这使他认识到完全相同的数据未必仅仅意味着宇宙的地心说，也有可能是它的对立面——日心说。

航行在转型的时代需要我们社会的管理者拥有类似哥白尼的这种能力。做到这一点通常无须天赋异禀。多数情况下，掌握某种技能就足矣，但它是哪种技能呢？

在长达约 1400 年的时间里，几乎没有人质疑过以地球为中心的观点。在社会处于变革之中，传统观念受到怀疑，甚至有时遭到抛弃时，哥白尼开始对地心说进行深刻的反思。几百年前，人类发明了印刷术，这让人们更容易获取知识。那是一个变革的时代、一个宗教动荡的时代、一个农民反抗的时代。既有的社会制度开始摇摇欲坠。

在哥白尼时代，航海业蓬勃发展。为了在七大洋航行时不至于迷路，水手迫切需要精确的天文数据。[一]熟悉的导航规则依然存在。各自拥有物理规律的星星、太阳和地球还跟从前一样。发生变化的是如何看待它们之间的联系。将所有的事情拼凑在一起会花一些时间，但如果成功了，已知世界的边界就会发生根本性的移动。

哥白尼式的革命是个重要的案例，因为它表明根本性转变的进程非常缓慢，时间跨度很漫长，以至于

[一] 此处七大洋是对我们所熟知的四大洋（太平洋、大西洋、印度洋和北冰洋）的细分，分别为：北太平洋、南太平洋、北大西洋、南大西洋、印度洋、北冰洋、南冰洋。这是一种旧式的分法。——译者注

不见得有可能看到这种转变。你需要训练有素的眼睛和特殊工具才能观察甚至是发现巨大的转变。这是典型的导航问题。从媒体和互联网中，我们得到无数关于个别事件、数据和事实的时事新闻。但它们的含义和将它们彼此连接起来的模式几乎总是要靠我们自己去寻找或发现。

> 你需要训练有素的眼睛和特殊工具才能观察甚至是发现巨大的转变。

1997年，我正忙于撰写有关公司治理的书。在那本书中，我尖锐地批评了美国股东的方法，当时我还写了一章，章名为"大转型"。我在其中分析了正在发生的社会政治和经济的变化。资料主要来自卡尔·波拉尼（Karl Polanyi）和彼得·德鲁克，他们用各自的方式描述了之前的此类进程。他们俩彼此非常熟悉。在波拉尼写作其关于巨变的经典著作——《我们时代的起源》(The Origins of Our Time) 时，德鲁克写出了《工业人的未来》(The Future of the Industrial Man)。虽然他们的解释有所不同，但他们的相互影响是十分明显的。两位作者殊途同归，目前仍然存在着关联。他们的著作之间比许多新出版物更相关。

1993年，彼得·德鲁克出版了《后资本主义社会》（*Post-Capitalist Society*），在引言的标题中也出现了"转型"一词。在这本书中，他概述了两个重大发展，即资本主义到知识社会的发展，以及单一民族国家到超越国界的特大国家的发展。

借由"选择"这一术语，我整合了以前描述 21 世纪巨变过程的某些广义概念。此外，这一过程突出表现为呈几何级数增长的复杂性、全球互连系统的出现和自加速变革的动力学，因此，我们面临着有史以来的新挑战。掌握它们需要从根本上创新生物型组织形态、管理的控制论系统、公司治理和领导力以及更为有效的社交技术。

> 掌握它们需要从根本上创新生物型组织形态、管理的控制论系统、公司治理和领导力以及更为有效的社交技术。

然而，实际情况并非如此，在专题讨论会和研习班中，我曾经与企业和其他组织的管理者开展合作，这让我意识到他们中的大多数人并不熟悉整体思维（这一时间可追溯到 20 世纪 90 年代）。今天，"可持续性"和"系统思维"已成为董事会议室中的时髦词汇。

对我来说，在1997年能够理解这种变化十分重要，因为我正着手确定正确的公司治理形式，即让大型公司稳妥、可靠地发挥功能所需要的那种治理形式。我必须强调的是，它不仅适用于商业企业，而且适用于任何一类组织，事实证明这一点值得强调，因为它常常被人误解。在描述符合其基本目标、运转可靠且状态最佳的组织的词汇中，我能找到的一个最常用的词是"运行"。那是我著书的主题。

1986年，阿尔弗雷德·拉帕波特（Alfred Rappaport）在其书中介绍了股东价值学说。对我而言，当时流行的这一学说标志着企业管理的一个重大转折。在阿尔弗雷德·拉帕波特著书立说时，它仍然很受推崇。但我确信它不会永远持续下去，它会造成巨大的损害，直至灭亡。

在我看来，新世界的早期预兆包括诺伯特·维纳（Norbert Wiener）于1948年出版的《控制论：或关于在动物和机器中控制和通信的科学》（*Cybernetics, or Control and Communication in the Animal and the Machine*）和斯塔福德·比尔（Stafford Beer）于1959年出版的《控制论与管理》（*Cybernetics and Management*），

而《控制论与管理》代表维纳的控制论在大型组织管理上的首次应用。对我来说，这些作品标志着一个令人兴奋之旅的开始。

多年来，我在那本书中描述的很多内容已成为现实。然而，我们可能顶多才走过了1/3的旅程，也就是说这种转型才实现了1/3。它远不止是一种思维方式的转变，而是种类的变化。

1997年的旧世界

让我们暂时回到1997年，也就是我出版前述书籍的那一年。在那一年出生的人到2015年已经满18岁了。他们至少拥有一部智能手机和一台电脑，每天花数小时上网，使用各种社交媒体，并且每当需要一条特殊信息时，他们就会用谷歌搜索，谷歌成为一个动词还是最近的事。

1997年，这些东西还没有出现。谷歌公司是在一年后成立的，远没有预料中的那样令人兴奋。算法的运用已经有一段历史了，不过，那些熟悉它的人意识到所发生之事无非是又一次炒作而已。不管是谷歌，还是另一个搜索引擎提供商，都不是什么要紧的事。

算法的应用原理是一项现实的技术，可以大规模地应用。

早在1948年，这个想法就已经存在了，然而，当时的机器速度太慢，传输线路薄弱。改变即将发生，其影响巨大，而且影响了我们整个生活。根本无须那么多的想象，你就能看到它涉及我们在很多方面的发展，包括我们的私人生活、公民自由和安全。2004年，谷歌公司上市。

早在1975年，管理控制论的创始人斯塔福德·比尔在其《变动用的平台》(*Platform for Change*)一书中写到过算法及其数据跟踪技术。他描述了如何创建用户资料及其用途，例如，减少营销中的散乱损失，即使在那时它的规模也是巨大的。冷战时期，该项技术被用于大规模的情报刺探活动。1975年，同样一本书中也有一章题为"科学与大众传媒"。比尔预见到了我们今天面临的传播媒介的挑战。

1997年，我写过对新经济的炒作："无论什么，只要是能用电脑处理的就是新经济，只要是能自动化的就是新经济。"那是我的创新研讨会的标准话题。数字化已经到来，但在1997年，还没有智能手机。

第一代 iPhone 于 2007 年进入市场。单单这一个产品就几乎改变了一切,而且大部分改变的方式非常激进:我们的沟通、我们很多的生活方式、我们的利益和价值观、数据安全和保密的问题,以及与恐怖主义作斗争的所有方式。

作为金融中心,瑞士在 1997 年就做得很好。但仅在 3 年后,即 2000 年 3 月,金融风暴就横扫了苏黎世。20 多年来,全球股票市场第一次临近崩溃的边缘。整个金融体系陷入困境。然后,发生了"9·11"、恐怖活动、美国对公民自由的侵犯㊀、伊拉克战争、北非以"民主"和"经济"为主题的反政府运动以及更多诸如此类的事件。早在 1999 年,随着北约的第一次东扩,出现了一个新的地缘政治世界秩序,直接导致了目前的许多冲突。2008 年,金融危机接踵而至,这一次它更具破坏性。众所周知,金融海啸席卷全球,被认为有史以来最好的金融体系几近崩溃。

㊀ "9·11"以后,随着《爱国者法案》的通过,美国政府 200 多年来第一次得到了不经法院批准即能搜查公民房屋等权利。法案中的某些条款十分过分,使得 CIA、FBI 和白宫以一种不可接受的方式侵犯美国的公民权。——译者注

"古典管理"：一个即将过时的模型

有一点越来越清晰，传统的管理观念将会过时，甚至更糟的是，此类过时的管理正导致不为人所需的发展。它极其薄弱，而且过于专注于短期目标，以至于无法应对新的挑战；面对新的复杂局面，它对其中的事物无法发挥指引、操纵或控制的作用，更别说塑造它们了。

不足为奇，因为这种管理深深根植于20世纪，即存在于一个更简单、更缓慢的世界。为了掌控快速增长的复杂性，应对全球互联性日益增加的动态局面，这就需要新的思维方式和新的工具。

所以，最大的变化有可能在组织和管理领域发生，而非在经济学领域。虽然信号仍很微弱，但基于此，人们不难看出，大多数的社会组织将要面临根本性的变革，这里所说的社会组织远不止是商界。为了应对这些变化，它们需要新的管理系统和新的运行模式。所有的管理系统组件必须进行适应性的改变，大多数情况下要在多方面

> 最大的变化有可能在组织和管理领域发生，而非在经济学领域。

进行根本性的变革。所谓的管理系统组件包括战略、结构、流程、文化、经理人的职业素养、制度、使命、导航、决策和解决问题的流程以及通信系统。这种发展一直在进行,而且由于几乎所有相关领域的创新都在加快步伐,它现在正在加速进行。

现在看来,再明显不过了,返回到20世纪70年代早期,以瑞士的圣加仑为基地,围绕在汉斯·乌尔里希周围的那群人多么富有远见。他们已经开始运用基于系统论和控制论的新管理模式来超越传统的管理。循环控制论模型取代了线性思维,整体的、跨学科的方法取代了单纯关注企业管理的思维。1972年,在第三届圣加仑管理论坛上,乌尔里希提出了他的管理模型[与沃尔特·克里格(Walter Krieg)共同提出],那次专题讨论会是由贝内迪克特·亨奇(Benedict Hentsch)和我共同组织的,我们俩是国际大学生委员会(ISC)学生委员会两位年轻的主席。

回想那个时候,《增长的极限》⊖(*Limits to Growth*)首次发表,它是罗马俱乐部的第一份研究报告,由德内拉·梅多斯(Dennis Meadows)等人撰写。现在看

⊖ 此书中文版已由机械工业出版社出版。——译者注

来，那已经是40多年前的事了。显然，汉斯·乌尔里希及其项目经理沃尔特·克里格走在了时代的前列，而我曾经是汉斯·乌尔里希研究小组的一员。圣加仑管理模型引起了轰动。它对企业管理学科带来了彻底的变革，对于领先的圣加仑大学尤其如此，使其将课程的重心变成管理培训。这在德语世界是独一无二的。在那之后不久，其他地方开始设立系统论导向的教授席位。

几乎一切都要变

巨变过程远没有结束。几乎没有哪个行业或社会部门不被这股洪流所裹挟。

对于公共事业单位来说，变化带来的挑战甚至更大。如果仍采用当前的组织结构、运营和决策流程，它们将无法生存。不论是健康、教育、公共交通、能源，还是工会和行政管理，它们全都面临着根本性的变革。

我假设我们沿着这条道路才走了大约 1/3 的里程，这意味着转型刚刚起步，正蓄势待发。但在短短的几年内，几乎一切将会崭新而不同。我们做什么、如何做和为什么做要改变，比如我们如何制造、运输、融资和消费，我们如何教育、学习、研究和创新，我们如何分享信息、交流和合作，我们如何工作和生活，甚至"我们是谁"也会改变。

维持组织运行的所有社会机制将会发生根本性的变革，不可逆转，而且会波及世界各地。因为不再满足新的标准，种类、规模不一的无数组织必须

> 维持组织运行的所有社会机制将会发生根本性的变革，不可逆转，而且会波及世界各地。

要因应变化和重建。人们必须重新思考和学习，各代人皆需如此。过去几十年来，我们的承袭已经造成了诸多"精神混乱"，而这是我们摆脱它，并获得新的洞察力和理解力的唯一机会。

这个"百年一遇"的根本变革过程也在不断地改变政体的形式，民主化进程的做法，意见和偏好形成的方式，我们的沟通、参与和协作的方式，以及用于解决社会矛盾和问题的方法。

巨变过程正在改变商界及其组织的方方面面，也正在改变人，也就是说，它正改变人们的思想和行为，人们的目的、目标和价值观，以及他们的生活意义。

新世界的分娩之痛

当前"在那里"发生的事情远不止是一次普通的金融和经济危机,更遑论它是一次世界可以轻松"掌控",然后恢复至先前状态的那种危机。不过,这恰恰是政治和中央银行一直试图要达成的目标。

更进一步的深刻变革已经发展到了无论如何它都无法扼制的地步,这种深刻变革包括科技领域和人的社会价值结构,年轻一代尤其如此,这体现为他们对于这个世界的展望和感知。我们不应试图阻止它的发生。相反,我们应加速这一变革,并加以引导,使其尽可能朝着有所助益的方向发展。走回头路既不可能,又不可取。

经历一次真正的蜕变,毛毛虫变形为蝴蝶,什么都与过去不再一样。就像毛毛虫的蜕变一样,在新世界,只有很少一部分东西是与过去相同的。

例如,毛毛虫受地球动力学定律的支配,而蝴蝶必须在遵从空气动力学的世界才能生存,这两种动力学是完全不同的事情。而要做到这一点,蝴蝶需要一个相比于毛毛虫完全不同的运行体系,它需要不同的传递感觉的能力、不同的神经回路和不同的生物导航系统。虽然地球动力学定律并非不再对那只蝴蝶有效，但它们的关联性已经发生了巨大的变化。

出于同样的原因，旧世界主要遵从金钱和经济学的法则，而新世界将取决于信息、知识、洞察力、复杂性和紧密互联系统的动力学。

无须预测就能看到这一点。从各种新的实际情况看，这是显而易见的，这些新的现实已经开始渗透到国际社会的组织结构中，并且加速改变了社会的运行规则。互联网是最明显的例子。当然，经济秩序失衡也发挥了作用，但控制论的控制和通信之力则影响更大。

知识战胜了金钱，信息打败了权力。这让我们抓住了新世界的核心。其显著特征是其激增的复杂性，而且这种复杂性是呈几何级数增长的。

仅有经济学还不够

自金融危机爆发以来，以经济学为核心的思维方式盛行一时，但这种思维方式不足以让我们理解正在进行的转型。它远不止是一种金融或经济现象。虽然其最早的征兆在2007年夏天的美国股市已显而易见，或许更早，但大多数经济学家未能预见到2008年9月的系统性崩溃，这不是没有原因的。对普罗大众而言，该体系的首次崩溃早在2000年就开始显现出来了。

经济危机、股市崩溃、大面积破产和大规模裁员全都是幼稚预测的结果。如往常一样，推测的趋势仅仅只是推测，即使最荒谬的结果也没有对所应用的思维方法和方式提出质疑。人们再次没有考虑到机械式的因果思维无法把握经济的脉动，并加以调控，经济发展有其自身的内在规律和模式。谈论知识管理的人越多，所忽略的知识也就越多。

运用适当的工具，则能更早地看到迫在眉睫的危险，如前所述，有些危险早在20世纪90年代就已出现，我的研讨会、主旨演讲和出版物即以此作为标准论题。

> 运用适当的工具，则能更早地看到迫在眉睫的危险。

迟至2008年夏天，雷曼兄弟崩溃前三个月，98%的美国经济学家和德语国家的经济研究所预测2008年将实现 2.5%～3.5% 的经济增长，而且几乎是异口同声。除了为数极少的异议为人所知之外，没有人提及这场风暴一直在聚积能量，而且即将袭来。

然而，人们对仅在三个月后就要震撼世界的这场崩溃普遍视而不见，难说如同经常宣称的那样这是经济学家群体的失败。它只能表明正在发生的事情迥然相异，按照传统经济学的方法已经无法察觉。

即便如此，巨变在金融和经济方面直接涉及的范围及其意义与潜在风险并没有得到足够的重视。然而正是它们确定了多年以后所发生之事的进程。这场危机最具挑战性的阶段仍在前面。

注意，当前的债务水平不会引致通货膨胀，尽管事实上，直到 2014 年 12 月，几乎所有经济学家还都认为不会走向其反面，即发生通货紧缩。那是错误的。部分政府的财政紧缩方案是非常激烈的，因为扼杀了经济的活力，该方案本身产生了通货紧缩的效应。我认为，每个人都在讲通货紧缩的警报已经解除很可能就表明通货紧缩将要继续，甚至愈加严重。

更有甚者，所采取的财政紧缩措施进一步阻碍了许多公共部门组织正常运行的能力。不合时宜的制度不会随着财政紧缩措施得到改进。然而，按照传统的思维，这是别无选择的。

功能障碍的危机

> 一个城市必须要有效地发挥作用。满足我需要的只是我自己。
>
> ——卡尔·克劳斯（Karl Kraus）

因为许多障碍已被消除，新方法和辅助系统使得组织得以用更少的钱发挥更大的作用，反而不用实行财政紧缩的方法。

从表面上看，这场危机好像是一场经济危机，人们对它的感觉依然如此。但如果把它理解为一场导航的危机，尤其是运行的危机，则要容易得多。这种观点突出强调了完全不同却更强大的解决方案。

不可避免的革命拥有造成社会灾难的破坏力，但它们也有可能促生一个新的经济奇迹和一个让人更好发挥作用的崭新的社会秩序。确切地说，这种发展将要走什么样的道路取决于全球杰出的领导人物究竟有何对策，他们会认可哪个，以及他们的最终选择。对于政治、社会和企业的传统方法和工具而言，一旦越过其效力的高峰期，肯定不足以让它们拥有太多的余力引致新的危机。

有史以来第一次，我们也有机会摆脱社会主义和资本主义的二分法。过去，我们很多思想陷入其中不能自拔。我们有机会在更合理的层面上整合两种制度的积极特点，并发展成一种可持续的新运行模式。

这个制度需要既拥有市场经济的效力，又能让人享有在其进化过程中从未停止寻找的社会共同体。的确，甚至是最知名的支持资本主义的人都坚持认为这两种制度无法兼而有之，比如弗里德里希·冯·哈耶克（Friedrich von Hayek）。但即便我们承认这一点，并不意味着不能创新一种制度，用一种全新的方式将两方面急需的元素整合起来。

组织革命

我们目前面临的危机的主要原因并非意识形态体系，而是我们现有的组织及其运行出现了故障，且日益显现出来。到目前为止，造成危机的这一原因在很大程度上为人所忽视。我们当前组织的逻辑基础要追溯到20世纪。这就不难理解为什么它们远不能应对复杂性和动力学所带来的新挑战。

然而，这正是它们为人所需要的地方，因为它是另一个普遍为人所忽视的事实，那就是很长时间以来，我们已经不再生活在个体社会里了。我们生活在一个组织的社会。不管做什么，任何人都不是单打独斗，而是作为组织的成员或用户而行动的。组织失败了，人也就失败了。在当今的世界，离开运行中的组织，人几乎就是无助的。

所以，能否掌控21世纪巨变在很大程度上取决于我们改革社会组织结构的能力。

一个高度发达的社会拥有无数形式多样和用途多样的组织。在发达国家，它们的数量只占到了总人口的约5%，其中德国有400万人，而欧洲有2500万人。这些组织构成了一个国家实际的社会结构。没有了它们，什么都不能运行。

由于每天要工作8个小时，这些组织就成为人们实实在在的日常生活，而且它们的影响一直延伸到晚上和周末。人们就是在这样的地方工作,这就是它们必须有效的原因,以便这些组织可以为其目的服务。

这些组织互相影响、竞争和合作,它们不断形成变化中的子系统和超系统,并通过互动生成无数的关系。在某种意义上,它们是社会的大黑匣子。如果经济和政治措施想要有效,它们必须触及并渗透进这个组织的结构。

但如何做到呢?这是一个在无数次关于这场危机的辩论中从没有涉及的话题,十分明显的是,它不能只专注于某个领域,比如银行业。相反,我们需要找到一种影响社会组织之间无数互动的方式。既然如此,毫不奇怪,用于帮助应对危机的资金实际上从未投入到实体经济中,而是快速地流回到了金融系统,加速了它的自我毁灭。

历史上,新转变时代是以出现革命性的机器为特征的,如蒸汽机。对于当前的社会转型来说,技术自然非常重要。不过,若要成功实现21世纪巨变,关键却是组织及其管理的

> 若要成功实现21世纪巨变,关键却是组织及其管理的革命。

革命。

如我之前所述,如果我们坚持传统的手段和方法,社会将不可避免地发生灾难。另外,如果我们设法在较大的范围内引起人们的反思,甚至可能会出现一个新的经济奇迹,最重要的是,形成一种有待于共同发挥作用的新社会秩序。

NAVIGATING
INTO THE UNKNOWN

03
第 3 章

变化的基本规律

> 模型是用来联系……
> ——格雷戈里·贝特森（Gregory Bateson）

变化本身没有什么稀奇的。创新、改进和适应是常有之事。我们在此谈论的是一类很特殊的变化，即那种将要用新东西替换现有东西的变化。我们谈论的是替代。

奥地利经济学家约瑟夫·熊彼特（Joseph Schumpeter）称此类变化为"创造性破坏"。他用这个词说明了变化的基本规律，而这个规律也会左右自然界的进化。

熊彼特将此原则套用到企业家身上。在熊彼特看来，塑造某种东西、超越现有的东西和创新是企业家的重点任务，而非"仅仅是"资本家的责任。

这些转变与社会达尔文主义毫不相干，而它却因此而受到批评。相反，它们有助于能力的大幅提升。蒸汽机是工业革命的象征，它从来没有与当时拉重物的牲畜争得你死我活，这会让它们变得毫无意义。马和牛因此没有逐渐退出舞台。它们只是失去了其中一个用途,即不再需要当成一种提供动力的工具。

增长、不确定性和创造性破坏示意图

混乱之时,最重要的事情之一就是弄清楚发生了什么。单单有知识还不够,更不用说只有信息和数据了。如果对正在发生之事及其意味着什么缺乏深刻的理解,那是不可能以正确的方式做事的。

这并不意味着我们必须掌握所有的细节。重要的是要了解事件的基本模式。假如你熟悉基本的模式(见图3-1),依靠大量的事实和数据以及信息与活动,识别转型变革并不是一件难事。

> 重要的是要了解事件的基本模式。

巨变的模型是两条重叠的S形曲线。它们都呈S形,这是因为它们体现的是成长的轨迹,除了在某些商学院和经济理论中有所描述之外,这种线性增长过程其实并不存在。

如图3-1所示,黑色曲线代表我所谓的"旧世界"。它代表了我们现有的基础,它可追溯到久远的过去。灰色曲线表示"新世界"和未来世界的基础。

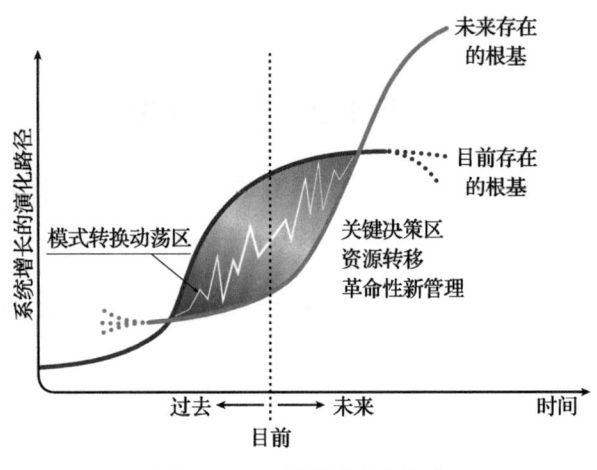

图 3-1 21世纪巨变之模式

在两条曲线之间,我们会看到一个动荡渐增的区域,因为新世界正在取代旧世界。这里是关键决策区,它是破坏发生之地。在这里,旧世界开始消退,新世界初见端倪。

让导航和管理变得很棘手的难题正是出现在此区域。之前它们从来不会自我呈现,至少不会这样极端。以前的关键资源变得毫无意义,它们不得不被替换,或被重新创造出来。

为了找到答案,我们的反思会围绕旧方法展开,虽然它们正变得越来越没有用处，但我们会下意识地紧抓着它们不放。这些旧方法从一开始就是麻烦制造者。

此外，关键问题在于："黑色曲线"业务的人才是否还能对"灰色曲线"业务有所贡献，而且突然之间，你拥有的最优秀的人才在将来是否还能为你所用也值得怀疑了。

这个转变和重新部署的区域是一个黑箱：这就是在控制论中所谓你无法窥视的"系统"，对于它的运行情况，你一无所知，并且它会不断地产生你设想不到的新东西，更别说预测了，这是一个破坏区域。

这是一个不确定的区域，但也是一个充满希望和梦想的区域。理性与感性会在这里冲撞，存在无法解决的利益冲突，而且情况极为复杂。

> 这是一个不确定的区域，但也是一个充满希望和梦想的区域。

我们缺乏与这些事物打交道的经验，因为大多数人之前从来没有目睹过这种破坏。以前被证实有效的思维方式、工具和方法现在反而成了阻碍，而非帮助，甚至经验也因此变得有害。仅此一点就把一切都给打乱了。

驶向未知的世界

无论是什么，现存的东西都将被取代，这是变化的一个基本规律。这一规律极少有例外，包括自然法则和一些基本原则在内。在某一时刻，代表旧事物的黑色曲线会终结，且会被代表新事物的灰色曲线所取代。不是因为旧事物变得更糟，而是因为新事物更好。

错误的信号

一旦你掌握了整体情况，回顾往事，你就会知道模型会是什么样子。然后，你也会知道在任何给定的时刻什么才是正确的决定，你可能会对较早一代人犯下的错误摇摇头，并且在目睹同样的错误再次重犯时感到目瞪口呆。

然而，处在当下（见图3-2），不了解那个模型的任何知识，你就会在使用传统的管理和导航仪器时自动读取错误的信号，但由于你的思维是一种传统的框架，你永远不会注意到它是错的。

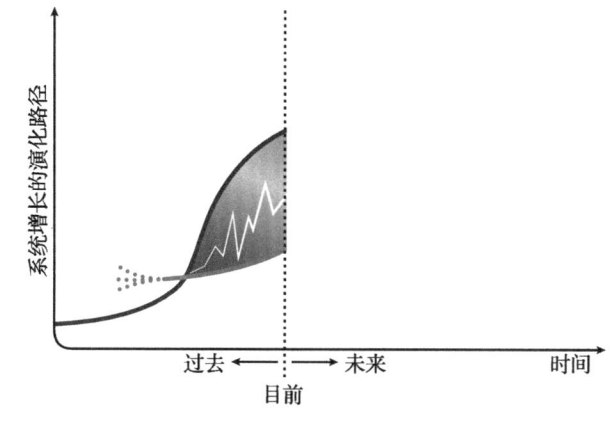

图 3-2 当下：进入未知的世界

在当今世界，尽管我们完全注意到了灰色曲线，而且认真考虑过它，我们的旧罗盘却警告我们不要走那条路。信号告诉我们的是要继续沿着黑色曲线前进，但当我们的旧系统发出警报时，已经太晚了。

需要三项而非一项战略

但是，创造新东西的能力还必须内置于组织才行。

——**彼得·德鲁克**（Peter F. Drucker）

这一模型让我们认识到，还有另外一件重要的事情。我们需要的第一项战略就是尽可能长时间地利用黑色曲线的优势。我们需要的第二项战略就是及时确立灰色曲线，在我们需要它时能够得到它。我们需要的第三项战略就是实现从黑色曲线向灰色曲线的转移。

这不仅是我们需要的三项不同的战略,而且是三种不同的管理和治理方法的应用。此时,我们在何处需要真正的领袖及其必定需要什么也变得非常明显。当所有的迹象似乎表明我们应该停留在过去时,领导者需要具有闯进一个未知未来的勇气。

> 当所有的迹象似乎表明我们应该停留在过去时,领导者需要具有闯进一个未知未来的勇气。

在组织存续的过程中,有些企业把握住了几次变革,但主要是通过使变革发生而做到的,比如西门子、博世和通用电气,但柯达不在此列。比如,当替代的数字化技术出现时,没有什么比在照相行业拥有世界上最优秀的化学家更没有用的了。柯达拥有的技术顶尖人物的知识曾被视为最宝贵的资产,实际上,这项宝贵资产相当于一夜之间变得一文不值。

更糟糕的是,除了原先的技术变得"无用"之外,这些人还强烈地排斥数字化。

替代和体验创造性破坏

在任何地方都能发现此类替代,有的规模较小,有的则是大规模的。从约1890年开始,汽车系统性地取代了马车。在以前兴旺的欧洲纺织业、采矿业和能源业、钢铁业与农业部门,类似的事情一再发生。这些全都是些旧案例,但它们仍然具有教育意义。

我们自己则目睹了一些比较近的案例。从20世纪90年代中期,传统的电话机被手机以前所未有的速度取而代之。如前所述,2007年,苹果第一代iPhone推向市场,与此同时,化学照相术被数字成像技术取代。请问我们当中有多少人用智能手机取代了数码相机呢?

我亲自参与了上面很多案例中企业的战略开发,具体而言,是在计算机技术和摄影技术领域,因此,我能够看到面对新的形势时经理人所经受的困难。

也就是在那个时候,我也意识到了从那时起我一直观察到的现象:有些经理人很清楚在前方等待他们的是什么样的挑战,也知道他们必须要做什么。他们知道要做什么,但他们不知道如何去做。他们缺乏实施的方法和工具,也无法控制必要的变化程度。这种窘境仍然是当今经理人所要面对的,而且更加严重。

根本性的转变

目前从20世纪到21世纪的转变可追溯至工业革命。工业革命大约从18世纪中期开始,其关键性事件包括《美国宪法》的确立、詹姆斯·瓦特(James Watt)对蒸汽机的改进和拿破仑战争之前的法国大革命,而蒸汽机的改进标志着工业化时代的开始。这一转变也导致了现代大学和拥有各自思想体系的政党的创立。它从根本上改变了欧洲的政治结构,促生了一种全新的社会结构,并用宪政民主体制取代了封建制度。

然而,根据目前已经发生的情况判断,21世纪的巨变可能比以前的社会变革带来更大和更深刻的变化。例如,正如我们

> 21世纪的巨变可能比以前的社会变革带来更大和更深刻的变化。

知道的那样,大学不会再继续存在下去,此外,现有的政党将不得不进行根本性的变革。众所周知,民主政治正在接近其发展的极限,在2007年出版的《公司

策略与公司治理》(*Corporate Policy and Governance*)㊀一书中，我已经指出了这一事实。

目前的转变是全球性的。越来越多的体系会比以往任何时候更加紧密地联系在一起，转变的步伐不再有什么先例可寻。诸如巨变（mega-change）这种以前表示变化的最大量级已不足以描述新变化的规模。

另外，1455～1517年也发生过同样深刻的转变，它始于印刷术的发明，并受到宗教改革的影响，当时是哥白尼时代，本书开始时我提到过此人。那次变革过程的里程碑包括文艺复兴，美洲大发现，科学的形成，医学、音乐和戏剧的复兴，以及阿拉伯数字的传播。

甚至可以追溯至更远，那种秩序的转变早在13世纪就已经发生——始于歌德时代。在这种秩序的转变中，诞生了现代城市，创办了第一所大学，大学成为精神生活的中心，而且成立了行会，并成为占主导地位的社会结构。

从历史上看，这种转变大约每200～250年发生一次。它们与延长了的经济兴衰周期相对应，俄国经

㊀ 此书中文版已由机械工业出版社出版。——译者注

济学家尼古拉·康德拉季耶夫（Nikolaj Kondratieff）最早对它进行了探讨。

这些时期还有一个共性，那就是在每个不同的社会，乃至当今世界，发生根本性变化的时间大约为50年，以至于后人简直搞不清楚他们的父母或祖父母所生活的世界曾经是什么样子的。这包括但不限于以下这些社会变革：奴隶制的废除、义务教育的推广和妇女的解放。

纵然在历史的长河中，50年转瞬即逝，但在人的一生中，50年似乎是岁月悠悠。与生活在中世纪或文艺复兴时代甚至是法国大革命时期的人相比，50年算是很长的寿命了。因此，这些时代的转变跨越了几代人的时间。

今天，50年在人的一生中显得不那么漫长了。因此，当前的转变要比早期的转变意义更加深远：人们认为它会更加剧烈，因为人口和心理的底线不同了。之前，适应带来的压力会延及好几代人，而到了今天，它伤害的是生活在同一时期的两三代人。这种人口形势让人惊叹。

更"糟糕"的是，我们这一代是历史上第一批共同经历过美好时光的人，这就是为什么我们在成长的过程中认为这是正常的，生活将永远如此继续下去。之前没有哪一代人一直享有同等程度的富裕，从没有人如此地"受宠"。这是心理层面的问题，人们不应轻视它的存在。

早前时代的人们对生活、社会和政府的期望不大。他们不抱任何幻想。在社会转型前后，大多数人的处境并没有得到特别大的改善，因此，他们没有特别的期待或要求。

时至今日，情况已不同了。在西方国家，不断发生的变化正冲击着比以往任何时代更富足的一代人。结果是，即便是生活水平的小退步也被认为是剧烈的变化。因此，人们比以往任何时候更需要带领人们渡过转型期的领导者和相应的导航工具。

勇立变革的潮头

正如存在可替换的模式一样，成功的公司和组织所坚持的战略方针亦如此：勇立变革的潮头！

> 成功的公司和组织所坚持的战略方针亦如此：勇立变革的潮头！

它们会积极地促使变革的发生，而不是等待它们袭来。它们会利用这一残酷无情的商业法则（不仅仅是商业法则），开拓新的业务领域，而非逆流而行。它们提倡首创精神，并制定相应的规则。因此，对它们来说，变革不是必须要做的事，而是它们想要变革。组织自身决定要发生什么，而不是随波逐流。通过自身的蜕变，并突破自身的限制，实际上是自己取代了自己。如果我们不这样做，其他人也会这样做。无论如何它都会发生，这就是它们的准则。

NAVIGATING
INTO THE UNKNOWN

04
第 4 章

推动转型的力量

> 我们用这种方法发现了很多细节,却没有发现此类系统。
>
> ——迪特里希·多尔纳(Dietrich Dörner)

巨变受到某些互相强化的因素驱动，这些因素早在1997年就已经相当明显了。什么方法推动了这些最有力的转变？什么已经全面展开，而什么暂时还没到来呢？什么被误认为是一种主要趋势，而什么又被忽视了呢？

这些问题的答案足够再写一本书了。从众多的因素中，我选择了五个，它们是相互作用的，我认为它们就是21世纪巨变的主要推动力：全球人口的发展趋势、生态问题、科技进步、经济状况以及普遍存在的负债。另外，还包括把这些因素与其他因素组合起来构成的一种复杂性，这种复杂性不仅前所未有，而且复杂程度达到了新高。管理、掌控和利用这种复杂

> 21世纪巨变的主要推动力：全球人口的发展趋势、生态问题、科技进步、经济状况以及普遍存在的负债。

性正是挑战的关键所在。

想要做到这一点,运用过时的方法和思维方式是不可能的。传统的管理

> 管理、掌控和利用这种复杂性正是挑战的关键所在。

早已不能满足这些要求,只不过是在用大量凑合的东西和许多美好的愿望支撑着自己而已。它的短视是显而易见的。再就是,从黑色曲线到灰色曲线的转换早就应该实现了。

人口问题

我们面对的这个世界既有人口的过剩,又有人口的减少;既存在老龄化,又存在低龄化;聪明程度在普通提升,而愚蠢的言行也是随处可见,与此同时,穷人和富人都在增加。我们身陷这些两极之间,却不得不应对前所未有的挑战。

除此之外,越来越多国家的社会结构被解体或损毁,还有一个现象就是:大批的年轻人看不到自己的未来,反而感觉要"随时准备战斗……"

移民与能力堡垒

低出生率、老龄化社会及其导致的人口数量减少

是国家利用现有资源所无法解决的问题，对此，可以利用移民来化解。愿意移民者不乏其人，但是谁会接纳他们进入而自我拆台呢？以什么理由拒绝呢？这也正是冈纳·海因松（Gunnar Heinsohn）所创术语"能力堡垒"的用武之地。他用这一术语指称那些基本上对移民开放的国家，只要这些移民能很好地满足对移民资格的要求。否则，人们不会准许任何不符合他们标准的人进入自己的国家。

包括欧洲各国在内的其他国家更为慷慨，因为它们一直在接受不太合格的移民，其中同情的分量超过了对资格的要求。然而，基本问题直到目前还没有解决。

率先实行"能力堡垒"政策的国家有新加坡、韩国、瑞士、新西兰、澳大利亚和加拿大。相比之下，新加坡有9.1%的学生需是国际学生评估项目（PISA）的高分生，而美国只有1.7%。德国的比例为2.6%，属于中上水平。

包容主义和排外主义

还有另外一对重要的术语：包容主义和排外主义，二者是针锋相对的。从我此处指称的意义上讲，它是由美国艾略特波浪和社会经济学的专家罗伯特·普莱切特（Robert Prechter）创造的。简而言之，第二次世界大战后不久，我们经历的社会风气是包容主义，类似于"我们都是兄弟"。

除其他方面外，这种值得称赞的态度为我们带来了欧洲一体化及其随后的修正案、全球自由贸易协定、扩大对中国的开放和中国向世界其他国家的开放以及德国的统一。

然而，我们从大众心理学中获知，这种情绪不会永远持续下去。这一次，盛极而衰的时点几乎恰好就在庆祝千禧年的那一刻来临。自那以后，人们的情绪显著地改变，逐渐转向了排他主义，所依据的信条则是："为什么要关心他人？我们在忙着照顾自己。"目前，社会结构逐渐解体，社会契约形同虚设，体现这些现象的例子不断在新闻报道中出现。

几种社会类型同时存在

另外一个推动巨变的人口因素是我们同时生活在几种"社会类型"之中。过去，它们是相继发生的时期或发展阶段。

回顾过去，我们通常可以相当明确地区分农业社会和工业社会，尽管它们之间的界线常常模糊不清，以至于当代人并不完全清楚自己处在什么阶段。

首先，两种社会类型之间的进退易于做到，因为二者对体力劳动者的需求数量相当。人们既能胜任在农场干活，又适合在工厂上班。

但这种时间上的先后顺序被摧毁了。今天，我们生活在一个信息、组织、知识和复杂性的社会中，而且彼此并行不悖。这带来了新的挑战。

信息社会致使时间和空间不再相关，这迫使我们同时也让我们能够采用全新的工作形式。我将在下文再次谈及这点。在知识社会中，体力劳动所占的份额在下降，抽象程度在增加，好比感官信息技术所做的那样。更多的真实只能通过语言感知，而非通过感官。组织的社会越来越多地失去其效力，从而变成无成果和无责任的社会。

但不止于此。封闭的部落式社会与抽象、开放、大规模的社会及其特性形成对比，比如自由、所有权、市场协调的自律力量以及要做出业绩的压力，还有就是冷酷无情。相比之下，部落式社会满足了密切、安全和归属的需要。

复杂性社会即挑战

在复杂性社会中，人会变得成熟，能够作为一个人而生存。

——卡尔·波拉尼（Karl Polanyi）

对我而言，最适当的涵盖性术语是"复杂性社会"，我用它来归纳所有其他所描述的类别。我的主题是管理，因此，复杂性和如何掌控它形成了最大的挑战。我倾向于认为复杂性是一种发展的顶峰，我们可以据此构建一种专门针对正确目标和正确目的而设计的管理。

> 复杂性是一种发展的顶峰，我们可以据此构建一种专门针对正确目标和正确目的而设计的管理。

从历史上看，管理理论在很大程度上忽视了复杂性这个主题，或只是说说而已，这就是所有应对它的尝试都失败了的原因。毕竟，任何复杂的问题没有一个是在中途就被解决的，比如人口变化的挑战。事实上它们甚至尚未真正得到解决，其他推动21世纪巨变的力量也是如此。

非政府组织和政府组织都没有真正意识到的是，

我们这个复杂性社会需要管理或类似的东西。

生态环境

自20世纪60年代以来，我们就知道存在环境问题。然而50年之后，只有少数环境问题得以解决，其他问题都是新出现的。20世纪70年代初，我们在圣加仑大学首次提出了企业管理的"生态维度"概念。德内拉·梅多斯和其他几人撰写的罗马俱乐部第一份研究报告《增长的极限》就是在1972年圣加仑大学学生学术研讨会上公之于众的。如前所述，它激发了更多人的生态意识。当时，它帮助我们将此维度吸纳进来，不仅融入我们的思维，而且运用到我们的工作之中。

增长的极限

自那以来，相关的研究在增多，争端也不断呈现。并非一切都是严格的科学，有些争端让我想到了宗教战争。但罗马俱乐部的报告是旧世界可能正孕育一个新世界的早期信号之一。50年以后，这一争端渐渐平息，气候变化会议裹足不前，没有取得进步。

企业领导人亲自参与

越来越多有影响力的企业领导人带头参与到生态环境保护运动中,不但是公开的,而且毫无保留。他们亲口承诺要在企业管理中重视可持续发展。

当今,被人指责反对环境保护、漠不关心或滥开滥挖自然资源的企业越来越少。几乎每家大公司都设立了首席可持续发展官,某些全球 200 强公司的首席执行官加入了世界企业永续发展委员会[WBCSD,由斯蒂芬·斯密德亨尼(Stephan Schmidheiny)创立],重新设计他们的公司,以迎合低碳经济的需求,此情此景,再解释说企业对此缺乏兴趣、不积极或暗中消极抵抗已经没有必要了。

陷于"什么"和"如何"的夹缝中

我认为其实不然。一些企业高管似乎已经意识到仁慈和怜悯解决不了社会和生态问题,唯有创新才有出路。彼得·德鲁克很早就表达过这种观点:要让社会走出困境,需要以

> 要让社会走出困境,需要以创业家精神和有效的管理作为解决方案。

创业家精神和有效的管理作为解决方案。

　　对于今天需要做些什么，我们了解甚多。我们知道存在挑战，也知道一些解决方案。"什么"这个问题十分明显，甚至可以说不成问题。至于"如何"做，我们尚没有应对之策。此外，关键问题是自问：如何处理复杂性这件事？而且这个问题尤其适合针对管理提出。

　　"什么"和"如何"的两极化问题构成了社会及其挑战的主要内容。就像媒体经常做的那样，指责政治领袖和企业领导人没有能力或不情不愿太容易了。有些人可能是这样的，但只是少数。

　　寻找解决办法需要另辟蹊径。赋予企业领导人和政治领袖以新的、有效的工具，他们就能够解决许多需要马上处理的问题。

　　首席执行官需要两件东西：实行新的公司治理方案和股东价值评价法，还有就是富有成效地改变管理流程。他们意识到当今的资本主义需要根本性的变革，而且企业需要专注于可持续的业务，而不是短期收益。他们不但意识到了这点，而且公开地这样讲。无疑这是正确的，但仅仅呼吁是不够的。到目前为止，还没有任何经过深思熟虑的可行方法来取代股东治理。

不过，可以很快地引入一个解决办法。杰克·韦尔奇是通用电气前首席执行官和股东价值的主要拥护者之一，甚至他也意识到："股东价值是这个世界上最愚蠢的想法"，因此，门要打开，而且要比以往任何时候开得更大。

第二个要求是取代以前解决问题的办法。不论是小团队，还是中型团队或大型团队，当面临此类复杂性挑战时，它们通常已经不堪重负了。

即便是地球系统治理（Earth System Governance），也经受了运行的考验，而且是最高水平的考验。幸运的是，七国集团峰会不再像20世纪80年代那样是一个纯粹的企业首脑会议，浏览一下它在2015年的议程就不难看出这一点。现在，它的参与者主要是一些全球共同体，最接近反全球化运动核心的主题。会议在埃尔毛宫（Elmau）举行，重点讨论了生态可持续性、贫穷、流行病的抗击、反恐、遵守社会规范和工作标准以及女性教育。这是另一个证明21世纪巨变推动者背后的"什么"正在成为关注的焦点。如何系统地应对这些问题仍然是一个未解的问题。

2015年峰会的备忘录和所用解决问题的方法只不过是做出了最低程度的妥协和意向的声明，没有提出具体解决办法。

科学和技术

可能会成为现实，想到就能做到。我就是这样看待科技发展的，很长时间以来，我就是如此看待它的。这提出了在伦理上具有挑战性的问题：你用火既能煮汤，又能烧毁房屋，但是，这并没有阻止任何人使用火。大多数至今可用的技术皆是如此。我们要为它们在使用上合乎道德负责。

从重大突破到世界新形象

科学和技术是21世纪巨变最强有力的推动因素之一。我认为在接下来的几年里，更多的学科比以往任何时候涌现出更多新的见解，我们将可能见证一个新世界观的诞生。

> 科学和技术是21世纪巨变最强有力的推动因素之一。

我的研究让我得以见到一系列科学家，他们来自德国和西方国家一流的研究机构；我也与中国的大学开展过合作，特别是它们的校长，这种工作关系使得我对他们在截然不同的政治和文化环境下的研究方法与思维有了深刻的了解。然而，我遇到的情况不但相同，而且几乎无处不在：人们正在接近科学的极限，走到了重大突破的边缘。可是，事实证明当前的组织形式依旧是主要的绊脚石。

所以，科学领域也正在发生转型。若从整个社会的大背景来看，这是对经济和社会发展影响最大与最长久的根源。

系统互联推动进步

系统互联不只包括信息和计算机科学，它本身拥有令人难以置信的潜力。材料研究、能源研究、生命科学、基因工程、大脑研究、癌症研究和仿生学也有待获得突破，此处仅举以上几个例子。

颇令人关注的是，越来越多的科学家正在走出其特定学科的"象牙塔"。他们寻求与他人的合作，因为学科之间的互动能够产生高度创造性的解决方案，而这原本是无法想象的。

此外，我期望我们抛开笛卡尔主义哲学，涉足各个学科的体系。这也意味着我们要逐渐放弃大学的现行课程和学科划分，更确切地说，将它们嵌入到另一种环境当中。简而言之，创建"一个巨大的网络"是所有学科的艰巨挑战之一。

时空的分离

　　围绕产业 4.0 的讨论往往专注于物联网或普遍的数字化。其潜力如此巨大，以至于我们无法预测其未来的发展，这就是我们不得不依据暂时微弱的信号导航的原因。

　　任何可以数字化的东西就会数字化。能在多大程度上可以数字化的东西超过我们大多数人的想象，也许我们所有的人都想象不到。可是，这并非问题所在。在牛顿生活的时代，没人能想象物理学最终会向何处发展。

　　数字化让我们不再依赖有史以来两个出色的导航仪：空间和时间。过去，对某人何时在何处的准确描述曾经是极其重要的事情。到了今天，它的重要性变得小得多了。更确切地说，从运行的角度讲，它不再重要了。

借助兼职模式和跨越地域与时区的全球合作等方式，时间和空间的结构正被人反思及重新设计。在簇群组织、流体网络和云计算的背景下，组织的地理坐标逐渐模糊化与虚拟化。

合作模式及其协调都不再取决于空间和时间的基本坐标，而是通过改变工作方法来解决，这在知识型员工中间尤其如此。依据个人任务的不同，这些方法必须不断地改进，因此，需要更强的自律和对他人及其工作方法的同理心。由于受到复杂性和速度的摆布或许可，自由空间和时间空档时有时无。

管理知识

实际上，技术是知识的应用，特别是产业部门的知识。在非企业部门也是如此，比如医院、歌剧院、公共部门和教育系统，尤其是研究机构，它们的重要性不断增加。

知识是迄今为止最重要的资源，因为它是

> 知识是迄今为止最重要的资源，因为它是利用其他资源的关键。

利用其他资源的关键（如前文所述）。因此，知识既是资源，又是产品，因为它的应用会创造出新的知识。从这层意义上讲，知识也是一种生产手段。

虽然我们不能管理知识本身，但我们可以管理知识型员工和知识型工作。因此，二者成了关注的焦点，对它们的管理也是如此。

等到知识型员工完成自身训练时，社会已经为此投入了很多资源。因此，更为重要的是让他们的工作富有成效和效率。苦于过去的尝试和实验，我可以非常自信地讲，正如我们已经学会了测量体力劳动的生产率一样，在接下来的几年内，我们会找到衡量知识劳动生产率的方法。

但这还不够。我们还需创建一个知识型员工高效工作所需的组织要求。它不可能与昔日的工厂对体力劳动者的要求一模一样。

硅谷企业为其员工创建了堪称"极好"的企业环境和工作条件，各类新闻对此大肆报道。此类企业环境将成为很多地区科技行业的标准，只要它们有利于取得更优异的成绩。

科学家和工程师与其他人的工作有很大的不同。在研究的过程中，他们要不断地涉足新的领域，因此每天都在新的希望和挫折中度过。他们埋首于自己的研究中，全身心地投入，而不是想成为一般意义上的员工。

这就是他们常常觉得难以处理上下级关系的原因，当他们的上司并非各自领域的专家时更是如此。当某人不理解他们所在学科讲的是什么时，他们无法尊其为上级。至于他们自己呢，往往当不好上级，因为他们真正感兴趣的不是管理，有时甚至对人也没有兴趣，只想专注于他们的实验。

即便如此，科学家和技术专家也需要管理，即使他们从来没有接受过管理培训或不擅此道，也不要紧。

经济学和负债

来自经济学的一个因素对于巨变有着特别的意义。那就是有史以来最高的负债，它影响到了商界和社会的所有部门：国家、州、市、企业、公共事业单位和家庭。

雷曼兄弟和危机加速器

2008年9月，纽约的雷曼兄弟投资银行破产，虽然最终侥幸逃过一劫，但引发了现在所谓的雷曼危机。全球金融体系濒临跌入死亡深渊的威胁。若用人体构造作比的话，这就像是心血管系统的突然萎陷。

自那以后，金融系统一直在靠补给维持生命。没有哪个理论能解释所发生的事情，我们只好在没有导航的情况下临时凑合着应对。到目前为止，这些问题还没有得到解决。自雷曼兄弟以来，我们看到总体债务水平又增加了40%，而经济增长充其量只能说是停滞不前。

这种事件让专家难以置信，但其他人知道它迟早会发生的，只是无法像许多人所希望的那样准确预测其发生的地点、时间和场合。相关的分析可以在我的书中找到，包括专门用来分析的控制论系统模型。

虽然绝大多数经济学家对此大为吃惊，后来，他们还是对出乎预料的这些事欣然给出了解释和建议。

原因：美国企业的导航系统失灵

在我看来，全球负债过度的原因不在于经济本身，而在于盎格鲁－撒克逊式的公司治理方法，以及为了股东的利益而对短期利润最大化的专注。"短期利润最大化"是会计学教授艾尔弗雷德·拉帕波特发明的词。从会计的角度看，它言之有理，但若从保持企业导航和管理的长期可靠角度看，这就不是那么回事了。

基于股东价值的企业管理是关键导航系统出现系统性紊乱的最好例证。这就像旧世界的航海家突然看不见了北极星，舵手只好转而求其次，将目光紧盯着某些飘忽不定的星星。

> 基于股东价值的企业管理是关键导航系统出现系统性紊乱的最好例证。

导航错误之一：始作俑者是美国，公司经理关注季度报告和股票价格，也就是说，关注股东的短期利益。事实上，愿意长期持有的股东人数在减少，他们越来越多地成了专业的短期投机者。

企业导航的北极星应当是竞争力，但其太阳则是满意的消费者。当消费者因你比你的竞争对手提供的产品和服务更好而感到满意时，你就会创收更高的利润，从而让你的股东满意。这就是让你的企业持续康健的方式。反其道而行之则不可避免地走向死亡。

因此，航向修正之一：调整你的导航设备，使之与你的消费者和竞争力相匹配。

导航错误之二：同样的短视还是以下行为的根源：资产负债表和股价操纵（被称为"做假账"），用借入资金进行股权收购（被称为"借助杠杆"），将次级抵押贷款打包，以房地产基金的形式在股市上销售（此方法被称为"证券化"），以及用这种方式取得的房地产抵押贷款的连续减少。简而言之，这是造成债务更大和更普遍的原因。

事实上，这些事情在起初似乎都是正常的，通过夸大信用等级，致使股票、房地产、原材料和艺术品的价格飙升，这被认为是创造财富的终极手段。

因此，航向修正之二：将企业管理与你根据股市数字得来的价格分离开来。在管理上，不要确定投资回报期，也不必考虑季度报告和分析师的排名。

导航错误之三：人们未能看清史上最长的股市繁荣是建立在债务基础上的纸牌屋，并不可靠，想象当中的财富引擎实际上是毁灭资产的发动机。最终留给人们的将是债务和经济责任，而不是高价格。人们未能看清这种增长只是一种金融现象，而非建立在实体经济基础上，因而大都是非生产性的。

因此，航向修正之三：将企业管理与真实的经济价值联系起来。

导航错误之四：除了低息贷款、即时经济利益的高额奖金外，一切向钱看和仅仅关注财务数字的短期企业战略一直是最强的导航信号。这种通过后视镜来导航的策略导致历史上最大的财务和人才资源的不当配置，并造成了空前的债台高筑。

因此，航向修正之四：不要因过去的成绩奖励经理人，而要看他们将来的成绩。

导航错误之五：债务导致了通货紧缩。自2008年以来，中央银行大量投放货币，试图抗击经济危机，资金的泛滥使得经济学家几乎异口同声地宣称经济正面临危险的通货膨胀。他们焦虑的目光盯着消费品价格，而不是看着通货紧缩的迹象，但他们注意到通货膨胀率令人安慰地在低处徘徊。然而，问题是他们看到的是一个错误的信号，而且是用错误的方式读取的。

通货紧缩并非反映在日用消费品上，它主要影响的是资产和工业产品。我们只有在通货紧缩的后期才会从消费品物价上感觉到它的存在。因此，我们很难注意到通货紧缩已经在原材料上有所体现。在消费品上，通货紧缩总是从降低原料成本开始的。

因此，航向修正之五：拓展经济理论，使之形成一个整体系统。

如何建立新秩序

在这样的情况下，如果只着重于平常的经济杠杆来抵御危机，即使怀着最良好的愿望，最齐心协力地采取行动，也不会有什么效果。即便利率一直维持在最低水平，所有人都不使用杠杆投资，消费者只会做一件似乎明智的事情来加以应对：将他们的钱储蓄起来，而不是花掉。更有甚者，因为大多数人的消费已经达到了饱和，此时，他们会克制花钱的冲动，而无生活必需品缺乏之忧。因为不确定的未来（包括资产价值的暴跌和利率波动），人们会为自己和家人采取预防措施。

经济学家不得不接受这样一个事实：大多数人并非真正追求利润或效用最大化的人，这根本无关乎经济目标本身，而只关乎人，人的特点通常是计量经济模型无法捕捉的。因此，传统的商业模式和经营理念是错误的；此外，在很多方面，经济管理模式在很大程度上被误导了。若要此类错误不再发生，它们必须要被重新设定，并嵌入到组织之中。

作为主要驱动力的复杂性

前面我们讲述了人口问题、生态环境、科学和技术以及经济学和负债四个推动力,它们之间的动态互联和相互作用以及它们的许多衍生物形成了极大的复杂性,我认为这种复杂性是 21 世纪巨变的关键特征。

> 人口问题、生态环境、科学和技术以及经济学和负债四个推动力之间的动态互联和相互作用以及它们的许多衍生物形成了极大的复杂性,这种复杂性是 21 世纪巨变的关键特征。

不断增加和持续变化的高度复杂性带来了挑战,这种挑战是组织、管理和治理的新试金石。它是新世界中新出现的、最重要的单个因素,是当今企业及其经理人面临的最大挑战,也是下一章的主题。

NAVIGATING
INTO THE UNKNOWN

05
第 5 章

复杂性：构建新世界的基础

> 更强的能力只能产生自更高的复杂性。
> ——卡斯滕·布雷施（Carsten Bresch）

> 21世纪巨变的主要挑战在于复杂性激增，以及找到应对这种复杂性的正确方法。复杂性管理或其缺失可谓是所有转变推动力的交汇点。

雷曼危机发生的前一年，在听完我关于控制论管理的主题演讲之后，一家大型银行的资深总裁告诉我："只要我们坚持面对一个又一个的问题，我们就能够处理好它。但如果在某个时点上几个问题同时发生，那就多到我们处理不了了。我们的企业还没有为此做好准备。"实际上，这是一家非常有进取心的银行，它拥有复杂而先进的系统。它足够强健，生存不成问题，也能经受得起亏损。

这就是"复杂问题的解决方案自己呈现在从业者面前"的典型例子之一。一个接一个，截然分开，没有或只有很少的联系，这就是线性管理——旧世界的组织非常擅长的事情。它们足以延续几十年，而组织已经熟练掌握了它们。这也反映在典型的组织结构上：围绕着任务建立起几乎"密不透风"、条块分割的势力范围，而任务可以被分别处理，因为整合和协调归高层负责。几十年来，这种形式的组织在商界一直非常有效地运转着，甚至在公共部门更是如此。

但是，复杂的时代需要根本不同的解决方案，它要基于另一种思维方式、新方法和新工具。它需要另一类的信息和交流，尤其需要关于运行规则的可靠知识。

复杂性是新的"原材料"，是一类新的资产。出于满足社会机构可靠运行的要求，出于财富健康增长所需，以及普遍意义上出于功能社会的需要，复杂性以及与复杂性匹配的控制系统将比货币资产更重要。

复杂性会被忽视，却不会消失。有时它可能会被减小，管理水平高的企业即能做到这点。然而，最重要的是，复杂性是可以被掌握的。因此，可以利用它使组织更有成效、更有效率、更快、更灵活和更加智能化。

旧思维方式的局限

当复杂性大量存在时，我们就会走向极端，认为传统科学的简化主义世界观一直在给我们讲的都是真理。在这些学科中，经济学尤其突出。如果简化主义者的机械思维战胜了整体的、系统性的思维，很多事情就会随着复杂性的增加，运行得越来越差，这就是主要原因之一。越来越多的时候，组织似乎会突然或逐渐地陷于瘫痪。

虽然人们认为我们觉得它是不可或缺的，而且我们更频繁地达到可定量的极限，但是我们仍要采取行动。我们掌握的信息并不充分，却需要做出决定。但是，我们没有不争的事实，所以，我们必须基于微弱而含糊不清的信号采取行动。

工商管理或古典的自然科学等属于可预知的世界，来自此类可预知领域的人会发现难以应对这些情况。更糟的是，复杂性既看不到，又摸不着，这就是为什么人们往往注意不到它的存在。当事情无法进行时，我们会沿着旧有的简化主义路径寻求解决办法。但是，在那里找不到复杂问题的解决方案，只能发现简单问题的解决方案。可是，行动的结果反而让事情变得更糟。如果不能很好地掌控复杂性，你就无法逃脱这个恶性循环。

何为复杂性？何为种类？

复杂性即多样性，是一种可以测量的多样性。其计量单位就是"种类"。种类是系统可接受或生成的且能为人所识别的状态的数量。

复杂性可能是不断变化的动态多样性。这是现实的最基本特征之一。它是以前彼此分离的人、客体、组织和系统之间的一体化日益增强的结果。由于它们的互联，这些系统的行为变得相互依存，进而产生更强的动力，促使自我加速变化。这就会产生更多的复杂性，并进一步增强动力。其结果就是一个自我强化的循环。

因此，随着创新和科技进步导致的种类的增加，对过去一向处于分离

> 随着创新和科技进步导致的种类的增加，对过去一向处于分离和孤立事情的整合成了复杂性的主要来源。

和孤立事情的整合成了复杂性的主要来源。接下来会发生什么？这取决于元素。在纯数学中，1+1=2。然而，当我将数学应用于实践中，那就未必总是如此了。一只兔子再加上另一只兔子可能导致多达12只兔子的出生。所以，在这种情况下，1+1=14。只要形成必要的互联，这一切自然就会发生。

管理中常用的一个标准说法是："一切皆取决于人。"这当然没错，但人们经常忘记的是，它还取决于人与人之间的关系。

当我们看到元素之间的关系数激增时，这就变得十分清楚了，因为它是按照 $n(n-1)$ 的公式递增的。

让我给你举个例子。两人之间存在两种关系，其状态分为好和坏。然后，公式改变了：曾经的 $n(n-1)$ 现在变成2的 $n(n-1)$ 次幂。除了关系数之外，我们还要考虑每种关系可能有的状态数。在本例中，状态数为2，则2的2次幂等于4。就其本身来讲，这可能算不上是一个问题，尽管我们听到已婚夫妇讲的并非如此。

3人之间有6种关系，4人之间有12种关系，5人之间有20种关系，6人之间有30种关系。

典型的团队规模是6个人,这样的团队通常会运行得相当好。因此,这种团队结构能够处理30种关系。

那么,为什么规模大一点的团队会迅速变得笨拙起来呢?如果是一个由10人组成的团队,称它为一个团队时,我们会犹豫不决,因为这达到了一个临界点,较小团队的灵活性和绩效通常会发生逆转,整体上就会开始变成僵化的、很有害的结构。这是因为额外的队员或团队经理吗?但它之前确实奏效过,不是吗?现在有10人而不是6人,增加了67%。到目前为止,思路一直是正确的,但人们忽视的是,它是作为一个系统的团队。其结果非因人数而致,而是彼此之间的关系造成的。

如前所述,6人之间存在30种关系。然而,拥有10个人,我们就有90种关系,人的元素增加了67%,但关系增加了200%。如果我们把这些关系可能拥有的状态数算进来,它就成了2的90次幂。

不可思议但可以管理

"复杂性"成为最常用的术语之一不是没有原因的。

几乎没有哪个陈述或管理层面的讨论不提及复杂性，不管这种讨论是关于市场、产品，还是流程的。然而，在大多数情况下，只能是简要地提及它。对复杂性仍一知半解，更不用说对如何处理它和用它来促进组织更好运行的实践知识了。

大多数人对复杂性只是有一些直觉上的了解，但他们并非真的能够将错综复杂、杂乱无章的复杂性（complexity）与错综复杂却有逻辑性的复杂性（complicatedness）区分开来。[⊖]他们将错综复杂、杂乱无章的复杂性与某些困难的、不能理解或不透明的事情联系在一起，这基本上是正确的。这种直觉上的理解应付日常生活是没有问题的。

不过，在管理情境下，特别在涉及高层管理的任务时，对复杂性的深层了解日益变得不可或缺。各类组织的情况都是这样，特别是涉及 21 世纪巨变的推动力时更是如此。很快，对于组织来说，复杂性的知识

⊖ complexity 是错综复杂，但它是杂乱无章的，没有规律；complicatedness 也是错综复杂，但它是有逻辑的。从这个角度讲，不能区分为一个是错综复杂的，另一个是有逻辑的，而应都是错综复杂，但一个没有逻辑，一个有逻辑。——译者注

将会与关于人或金钱的知识一样重要。

复杂性的概念源于控制论，它是控制论的核心概念之一，其他核心概念还有控制和信息、交流与反馈。这就是控制论成为最重要的管理学科之一的原因。然而，时至今日，在主流管理理论和实践中，它在很大程度上被忽视了，这就是越来越多的组织养成了越来越重的官僚习气，而不是寻找更好运行方式的主要原因之一。

当你想要防止系统失控时，关于复杂性的知识就变得重要了。如果你想审慎地使用复杂性，把它当成智识、速度、效率、创新、创造力、适应能力的来源，以及某些更合意或更必要的系统特性时，它就更加重要了。

它们对管理 21 世纪巨变都是必不可少的。在我看来，新世界的管理就是对复杂性的掌握和审慎利用。要做到这一点，我们需要理解治理复杂现象的自然法则。从这方面讲，它们就像物质和能量的自然法则对于自然科学和技术一样必要。

> 新世界的管理就是对复杂性的掌握和审慎利用。

简单系统和复杂系统

简单的系统不会在控制、调节和引导等方面出现很多问题。严重的问题出在复杂系统中，一旦出现，就会很严重。

必须要受到控制的是什么？实际上，并非我们简称的"系统"。严格地说，应该是系统的复杂性。那么，控制论的核心问题是：你如何控制和调节复杂的系统？系统的结构或架构必须是什么样子才能使复杂性受到控制？当一个系统"失控"时，你能做什么呢？

如果组织中的专家了解必要多样性定律（Law of Requisite Variety），那必定受益，该定律认为"只有多样性才能控制多样性"，即控制系统必须至少与受控系统拥有同样多的状态。其发现者罗斯·阿什比（Ross W. Ashby）是英国神经控制论的先行者，因此这一定律也被称为"阿什比定律"。它对于管理复杂系统的意义就跟牛顿万有引力定律对于物理学和工程学一样重大。

这是让控制论非常有趣，以及让复杂性非常重要的部分原因。另外一种深刻的见解则是"复杂系统有简单系统一定不具备的能力"。作为物理学家、生物学家和遗传学家,卡斯滕·布雷施非常恰当地指出:"更强的能力只能产生自更高的复杂性。"

这一事实常被人忽视。论述这一主题的书有很多,它们的要点不外乎是:必须减少系统的复杂性,以便控制它。这只对了一半。经常不被人提及的是与破坏系统本身及其最重要的特征和功能相关的风险。

为了让一个有机体获得在更高和更复杂层面上的学习能力,它需要具备最低程度的复杂性。复杂性低于某种程度,有机体也就不可能学到什么东西了。这就是进化阶梯中处于不同层级的生物在学习能力上差别很大,也是昆虫的学习能力比类人猿差很多的原因。感知、交流、思维能力和意识同样如此。

技术领域同样适用这一原则:若想获得更高的性能,各个系统需要拥有足够的复杂性,比如神经外科手术或航空电子设备。

如果某物是由约15千克碳、4千克氮、1千克钙、0.5千克磷和硫、200克左右的盐、150克碳酸钾和氯,以及差不多15种其他物质和大量的水组成，你会叫它什么呢？

这个问题我不仅经常问我的学生，而且经常问很多经验丰富的经理人。最初通常是沉默。过一会儿，有人会说："这是人。"没错，很明显，我列出的是一系列原材料。这就是一旦化学作用完成之后，人所剩下的东西……这就是人被分解成其材料组成后剩下的东西……也就是说，这是当我们消除生命迹象之后所剩下的东西。

这一实例表明，重要的不是原材料，而是它们以什么方式组织在一起，处于何种次序之中，创造生命所需的互联以及如何排列它们，或者将原材料变成有活力序列的信息的提供者。

我们所谓的现实并不仅仅是物质和能量，而是有组织的和被赋予信息的物质和能量，生命尤其如此。

囿于传统的科学思维和基于逻辑的教育，我们意识不到这一切取决于这些材料是如何组织的。然而，这正是问题的核心所在。

这是控制论之所以如此重要的原因。最意味深长的见解之一是物质和能量相对于自然与系统的能力来讲是无关紧要的。系统的各部分组成不如其元素动态互联的方式重要。关键因素是分类和组织基本元素的信息。基本元素就是这样转化成一个系统的。

> 关键因素是分类和组织基本元素的信息。

有逻辑性的复杂还是杂乱无章的复杂

复杂性具有两面性：它既意味着危险，又孕育着机会。如果不能得到妥善的处理，它就会导致系统越来越不堪重负，最终被压力压垮。因此，要求将复杂性降低也是正当的。

另外，复杂性堪称信息、智能和创造力的原材料。这就是使得对复杂性的管理十分困难的原因，但是，如果处理得当，它也可以成为成功的基石。

复杂的系统也被称为"黑箱"，因为它们的行为令人费解，不可思议。它们是不可预知的，说不清楚接下来会发生什么。唯一的选择是等待它们下一步的行动，并且希望你能以某种正确的方式做出应对。反应能力越强，有效处理这种情况的机会就会越多。与高手下棋就是例证。在某些领域中，天气也是一种黑箱，因为在政治或企业的谈判中它可以成为筹码。

如前所述，如果某件事情呈现高度的复杂性，因此带来困难时，人们立马想到的对策就是降低复杂性。然而，通常情况下，问题不在于杂乱无章的复杂性，而在于难以理解的复杂性，它们是截然不同的事情。例如，手表属于在机械原理上十分复杂的东西，而非一堆杂乱无章的东西组合在一起，因此，才能做到我们期待它要做的事情。通常，我们也会犯这种错误，即将逻辑性太强而难以理解的复杂解决方案应用于杂乱无章的复杂系统。例如，杂乱无章的交通路口的交通信号系统可能在逻辑上是非常复杂的，但是同样的十字路口可以用环岛的形式有效地加以管控。交通的复杂性保持不变，但解决办法简单了，甚至优美了，而且是以较低的成本达到了同样的目的。

面对复杂性的挑战，当今的组织大都能力不足。正如我以前说过的那样，考虑到它们从 20 世纪就有的结构和发挥作用的方式，这一点都不令人吃惊。

> 问题不在于杂乱无章的复杂性，而在于难以理解的复杂性，它们是截然不同的事情。

虽然当今的技术部门拥有技术良好的控制和调节工程师，但几乎没有人认为他们的专业技能与控制论是相同的，而且其应用未必一定限于工程任务。由于在很大程度上忽视了正在进行的复杂化过程，许多组织未能采取预防措施，并确定适当的调节和管理制度，以应对目前的状况。其控制工程技术在自己组织中的系统性应用可以推动这些公司实践系统控制论的管理。

当用难以理解的复杂解决方案来应对极其杂乱无章的复杂性时，我们很快就会怒不可遏。官僚机构的繁文缛节和官僚作风的复杂性就是例子。没人想要体验卡夫卡式的官僚政治。它本是虚构的东西，却到处可见，占比已经达到了荒谬的地步，并能自我生存和繁衍。当行政官僚机构的规则失去控制时，当条条框框比人重要时，当人成为物体时，官僚习气的大量存在会把我们逼疯。然而，管理的职业化则可以树立成效力和效率的标杆。

NAVIGATING
INTO THE UNKNOWN

06
第6章

系统失控?

……动物和机器中的控制与通信。

——诺伯特·维纳

"失控！"2008年，当危机爆发时，新闻的头版头条都发出了尖叫，几个小时以后，令人震惊的新闻报道铺天盖地而来，媒体上全是关于股价下跌和银行倒闭的消息。发端于纽约的金融风暴迅速席卷全球。它触发了第一个预警：当代金融体系这只可怕的怪物被唤醒了。

不久之后，当形势清楚地表明：处在全球金融中心的人们对于如何应对这场灾难压根就束手无策时，第二个"失控"的事件接着发生。计算机和电话线路崩溃，没有接通的信号，全部占线、忙音或者根本没有信号，没有办法传递信息和执行决定，筋疲力尽的交易员、经理、普通银行职员和政府官员，到处都是这样……系统失控了。

整件事被称为金融危机。嗯，它是金融危机，但不仅如此，它还是金融业所使用的控制系统的危机。不只是血液循环系统萎陷了，神经系统也萎陷了。

这场全球大灾难差一点就可以避免。尽管采用了强硬的稳定措施和有史以来最大规模的货币政策实验，但仍能感受到它的余波。世界在债务的泥潭中陷得比以往更深了。

但无论是雷曼兄弟的崩溃、福岛核电站事故，还是2004年的海啸、海地地震，到某一时刻，人们就会不再谈论，媒体就会转而追逐其他热点，因为人们听厌了灾难之事。从某种程度上讲，这是一种新的常态，却是不毛之地的常态，而本来这里是肥沃的土壤。

我们可以开出一份长长的失控系统清单，它们在巨变的推动下清晰可见：向可再生能源的转换已陷入困境；估计有6000万人正逃离本国，比以往任何时候都多，而且还会更多。

幸运的是，也有积极的例子：在紧急着陆、高速公路发生大火或多车相撞时出色的救援服务，训练有素和协调的方法，救援队伍的专业合作，以及可靠的通信交流。"一切尽在掌握。"这意味着它运转正常。

然而，当运转良好，功能完备时，没有人会注意。人们没有注意到它，恰恰是因为它功能正常，所以没有机会从失败中吸取教训。

当某种东西不起作用的时候，它就会引起人们的注意。媒体会加以报道，我们会仔细观察。2014年，在德国法兰克福机场乘机的旅客大约有6000万人，他们的航班从来没有出现问题。北京地铁每天安全运输930万人。然而媒体既不会报道它，我们也没有兴趣阅读或听人讲述它。

如果我们开出一份清单，列出目前正常发挥作用的所有东西，它将比运转不正常的东西多得多。

如果某种东西"失控了"，这意味着其控制系统不再能够掌控自身的复杂性。如果它是"处于控制之下"，那意味着其控制系统运行正常，整体系统亦然。这都可以追溯到阿什比的必要多样性定律（或复杂性）。

之前，我们大多数人都经历过失控的情况。例如，冬天开车时，我们的车开始打滑，或当我们走得太快时出现失控。我们体验到的感觉是：恐惧、剧烈的心跳、出汗和恐慌。我们熟悉与之相反的感觉，那是一种"可以控制"的感觉：冷静、自信甚至快乐，一切尽在掌握中，所谓可以左右形势。

现代汽车先进的辅助驾驶系统甚至在车辆开始打滑之前就实施了控制。很有趣吧，是不是？这是否意味着全自动智能控制系统具有"前瞻"的能力？

这正是我们在涉及管理和治理时要谈论的话题。毕竟这个问题是："确切地说，是什么触发了控制行为？"因其拥有这样的技术系统，目前它的运行一向良好。

利用控制论的新治理：通信和控制

"控制论"（cybernetics）一词源自希腊语的 kyber-netes，它的意思是"舵手"。调速器（governor）、总督（gouverneur）和治理（governance）等术语中即包含此义。早在1867年，詹姆斯·克拉克·马克斯韦尔（James C. Maxwell）就写过《调速器理论》（*Theory of Governors*）。它概括了离心力调速器的算法，詹姆斯·瓦特则将它应用于蒸汽机的大规模制造。

控制论是引导、调节和控制的科学。当普通的日常认识不足而出现问题时，它就变得特别有趣和

> 控制论是引导、调节和控制的科学。

重要了。这就是我在前一章讨论过的所有复杂系统的情况。但准确地说,什么是需要调节或控制的呢?从本质上讲,一个组织的最高管理层需要回答以下三个问题:

- 该机构应该做什么?
- 该机构需要在何处发挥作用?
- 该机构需要如何发挥作用?

现代控制论的创始人是美国数学家诺伯特·维纳,他是如何开始致力于研究控制论的,以及还有什么人发挥了重要的作用,完全可以写出一个很好的故事。此时重要的是诺伯特·维纳为其1948年的书所选的书名——《控制论:或关于在动物和机器中控制和通信的科学》。

控制论也许是20世纪最重要的科学。然而,当时公众的讨论更注重核物理,而不是控制论。尽管如此,控制论仍旧是将20世纪转型成21世纪的科学。

它从根本上改变了我们的生活。没有控制论就没有今天的电脑或机器人、电子学或信息科学、互联网以及数字化;医院不会有重症监护病房和非侵入性外科手术;航运业仍将使用磁罗盘导航;飞机将不得不因为恶劣的天气条件而中途滞留；太空旅行也不会存在。在工业制造业和物流业，我们会停留在 20 世纪 60 年代。生物学科和基因工程都不会有突破。

就像其他科学一样，与控制论相关的进步增加了风险，却也带来了更大的机会。控制论也为我们避免风险和利用机会提供了必要的知识。

起到推动作用的是控制论和与其密切相关的复杂性科学，即系统理论、信息理论和通信理论。它们使我们能够理解和解释现实的第三个基本构成元素——复杂性，以及与之密切相关的信息和规则，并系统地对它们加以利用。

直到那时，科学只认识了现实的两个基本构成元素——物质和能量。它们是启蒙时代物理和化学重点关注的"对象"，而启蒙时代试图将一切事物简化为这两个构成元素。毫无疑问，这种研究方法使得人们的洞察力大增，由此，技术的可能性也大为提升。通过整合第三个基本构成元素，我们现在可以理解复杂系统是如何运行的，甚至可以使它们正常运行。

顺便说一下，在我看来，最令人关注的发展不仅发生在技术领域和信息科学,而且发生在生命科学领域。在这个领域里,它们主要发源于神经科学。神经科学的研究对象是大脑和中枢神经系统。对此,没有人会感到非常吃惊,因为操纵、控制和支配有机体的正是中枢神经系统。今天,若没有控制论的研究结果和概念,大脑研究是不可想象的。

控制论是一门科学。它基于这样的深刻见解:决定所有系统的控制和调节进而控制运行的是自然规律。无论我们处理的是人造系统或生物系统、物理系统、技术系统、社会系统,还是经济系统,根本不重要,这本身就是具有重大意义的发现。

> 决定所有系统的控制和调节进而控制运行的是自然规律。

这就使得控制论成为跨界、跨学科的通用学科,远不止是"跨学科"而已。这就是为什么诺伯特·维纳要给他的书起一个富有意义的副书名:"……关于在动物和机器中",如此,将自然世界和人造世界之间的裂隙填平了,二者之间的不一致阻碍了自古以来对复杂系统的理解。

注重自我能力的控制论

> 组织一个系统，使其能够自我组织。
>
> ——斯塔福德·比尔

到目前为止，我一直在谈论控制和通信的调节与引导。这意味着必须有人做这件事情。但控制论并未到此止步不前，它向着所有的系统迈出了非常重要的一步，这些系统都很复杂，以至于拥有我所谓的自我能力。我正在谈论的是能够自我调节、自我控制、自我组织、自我调整、自我修复、自我治愈和自我发展的系统，即自我进化的系统。

控制论的关键词之一是"系统控制"，它产生自上述的自我能力。管理控制论的创始人斯塔福德·比尔教授将其研究成果归入"组织的管理控制论"。

"管理控制论"或反过来说"控制论管理"是将先进的控制论应用于社会的复杂系统中，以促进各类组织的整体管理。管理控制论也意味着掌控复杂性。

经商办企业还不够

如同当今通常所理解和传授的那样，管理起因于一个严重但制度化的错误。管理被认为是企业管理的一部分，因为人们总是把它与商业企业的领导相提并论。因此，它被划归工商管理系或在英美教育系统中的商学院。

可是，这并非它的归属领域。它止步于此，这一事实解释了我们在很多公司和其他组织的管理中看到的那种发展失败的主要原因。

如此，管理属于哪里呢？其目的是什么呢？就其本身而言，虽然管理可以用于经商的目的，但管理与做生意并不相关。管理更多地与运行有关。

它完全可以理解为使得社会的组织和系统正常运行的社会功能。它的科学依据是控制论：它帮助我们理解有些东西如何发挥作用以及为什么能够发挥作用，而有些事情则相反。

所以，管理实际上属于处理运行的学科，或者处理调节、引导、控制和影响的学科。而它们的通用术语是控制。

> 管理实际上属于处理运行的学科，或者处理调节、引导、控制和影响的学科。

正确的理解是：管理是控制论的应用，它可应用于任何类型的组织中。从历史上看，它并非像大多数人认为的那样源于企业。企业只是它被最具系统性地应用和发展之处。在企业里，最容易看出优质管理和劣质管理之间、正确管理和错误管理之间的差异，这主要是因为在所有的组织中，商业企业是最容易看到和核实盈亏结果的地方。因此，对于商业企业的运行，我们可以快速且容易地断定其成功和失败。

虽然剧院、学校、医院、大学、城市、政府部门、警察、救援服务等其他组织也必须创收，但是那不是它们的目的。然而，它们全都需要运行。

NAVIGATING

INTO THE UNKNOWN

07

第7章

组织运行的复杂性

> 就像以生物体存在的人必须要有空气用于呼吸一样,活在社会和政治中的人必须要有一个运行正常的社会。
>
> ——彼得·德鲁克

那么，面对上述挑战，即设计和引导复杂的组织，使它们能够繁荣兴旺，有何良策呢？答案涉及组织以及在其中工作的人。

运行的两个层次

要获得良好的解决方案，我们需要将组织的运行划分为不同的两个层次。它们之间存在巨大的差异，但通常会被人忽视或混淆。通常，这有助于研究、探讨控制论管理方法，而该方法的基础则是将组织类比于人体组织。

在医学上，人体区分为解剖构造和生理机能。解剖构造包括器官、肌肉和四肢。生理机能包括血液循环、呼吸和消化等过程。这类似于组织的运行：它们的"器官"就是公司的职能，如市场营销、人力资源、

07 · 组织运行的复杂性

财务与会计、研发、制造工厂、销售组织和子公司。企业的组织结构图描绘了这些元素的关系。典型的运营流程包括开展基础研究、工程、谈判、销售、交付、组装和采购。它们被绘进了专用流程图,并构成流程组织的一部分。

除了解剖构造和生理机能,人体还有神经系统。它就相当于组织中的管理系统。请注意,我说的不是被称为"管理部门"的个人或团队,而指的是控制和调节过程,它们与每个运营过程一起运行,并确保其运行正常。通常此元素不会被画在组织结构图中,也不会显示在员工手册中。多数情况下,管理部门等同于人或人体。

虽然医生永远不会忽略神经系统,但医院通常会忘记在其组织结构图中画出它的对应单位。

没有神经系统,我们的身体就不可能运行;同样,离开了控制和调节过程或管理,没有哪个组织可以正常运行。因此,我的理解是,管理层的功能就是使得机构的系统和组织能正常运行。

> 管理层的功能就是使得机构的系统和组织能正常运行。

神经系统好比是管理流程。这就是运行控制论产生之地：运营流程的控制和调节。这也是通信的发生之地，因为通信就是控制进程的东西，好比神经借助神经通路发挥作用。请记住"通过通信控制"这个词，我们就是在这里发现数不尽的系统控制的，其中一部分非常复杂和高度专业化。它也是必要多样性的源头，根据阿什比定律，这种多样性也必须包括生物体的多样性。

显而易见的是，神经系统会一直延伸到生物体最远端和最细的毛细血管，将器官和程序联系起来，通常不像电缆或电线那样起作用，而是通过组成自己的网络，专家称此网络为"吻合的网状组织"。

末梢神经富集之后，经由脊髓通达大脑，那里的器官和流程的控制被分配给了某几个相当稳定的脑区。小脑是互相联结特别丰富和复杂的脑部结构，这是负责运动系统的控制系统。后者是生物体最复杂的构成之一，因此，需要一种特别先进的控制系统。在控制论中，这被称为高度多样性的系统。

在机器人技术方面，当涉及控制运动序列时，这种高度多样性的系统构成了巨大的挑战。到目前为止，最好的解决方案是由瑞士科学家罗尔夫·法伊弗（Rolf Pfeiffer）创建的（他专门研究人工智能）。他证明了控制高度复杂的系统和流程是多么简单，令人印象深刻。

运营和管理任务

我将企业实体和流程归入"运营层级"或"运营任务"。从逻辑上讲，神经系统是由比它更高的层级体现的，即管理层级。尽管总存在几种解决方案，但每个流程都需要管理。试想有红绿灯的路口和环岛。这就是为了确保运行的正常需要，以下两者同时存在的原因：流程和流程控制。为了避免混淆，这两个层级一定要截然区分开来，现在应该很清楚为什么要这么做了。

第一层级可能差别很大，这取决于组织的类型。政府部门的运营任务与企业的运营任务有很大的不同；医院和歌剧院有着不同的任务；汽车公司干的事情也不同于银行业务。

相比之下，高级管理层级的控制任务总是一样的，无论是政府部门、企业，还是医院、汽车公司和银行。管理始终涉及的是相同的五项关键任务：①确立目标；

②组织；③决策；④监督；⑤培养人。更加详细的内容可以阅读我的另一本书《管理成就生活》(*Managing Performing Living*)㊀。

在那本书中，我还介绍了每个组织所需的管理工具，包括会议、报表、岗位设计、个人工作方法、预算、绩效评估以及系统的"废物处理"。

这种区别甚至包括组织文化，这可能是混淆出现的最为普遍的一个领域。在运营任务层级，非常相似的组织却拥有反差很大的企业文化。然而，在管理层级，盛行的文化必定是相同的或至少是非常相似的，因为你总需要一种注重绩效、职业化和有效性的文化，这就是运行的文化价值。

变化的常量：主控程序

那么，你如何管理整个企业或其子公司呢？你如何管理一家医院及其科室呢？或者如何管理一个国家的医疗保健体系呢？方法是利用主控程序（master controls），这是组织最重要的规章制度。

请记住我讲过的关于最高的复杂性、自我强化的

㊀ 此书已由机械工业出版社出版。——译者注

活力和无法抑制的不确定性的条件。在实践中，问题在于：假设我无法知道未来会是什么样子，那么我今天将如何行动？

当我们描述引导系统的策略时，我们便触到了组织运行的核心，而不论其类型和外在形式如何。策略意味着通过调节来掌控复杂性，而调节则要借助于规律和规则。

> 策略意味着通过调节来掌控复杂性，而调节则要借助于规律和规则。

任何运行中的组织皆是如此，而策略取决于其目的、价值、规则和目标。这些监管因素是规范性决策的结果。如果它们是原始的、一般的、长期有效的和没有详细说明理由的，则它们是规范的。

此处就是我们发现控制论自我能力的源头。好的企业策略规则可以让无数员工（原则上是无限的）自我协调和自我组织，并在独自工作时有目的地、独立地和适当地采取行动。在复杂情况下，至关重要的调节效果就是这样实现的。简而言之：

控制 = 规则 × 应用次数 + 反馈

当这些规则被有效施行时，高层管理人员就可以袖手旁观，看着系统自我运行，但前提是，你已经另外安装了预示失控事件所需的系统。

主控程序如何发挥作用

复杂系统的导航和引导是通过系统全自动智能控制实现的。顾名思义，它们对整个系统有无限的控制力。它们是系统的导航者，它们的重要性会随着系统复杂性的增加而提升。这在大自然中也是一样的。DNA会控制整个生物体，乃至每个细胞。这是全系统的控制。生物体及其环境"在那里"发生的事都会通过遗传密码纳入这一控制之中。所以，我们需要在组织中找到类似于遗传密码的东西。

在实践中，当今组织各自的控制措施（导航仪器）是：目的、使命、策略、治理和战略。为了确保它们能在整个系统内有效，还需要某类结构，即可生存系统结构，也需要某类文化，即绩效文化，同时还需要精通专业的企业高管。

在功能上，这些控制措施的一部分类似于遗传密码。主控程序是随着时间的推移保持不变的章程，或只在某些情况下才可更改的规定。左右可能变化的规则也是主控程序的一部分。它们是变化中的常量。

时间虽然很早，但仍堪称典范的是著名的《圣本笃会规》（Benedictine Rule）㊀。它是努西亚的圣本笃（St. Benedict of Nursia）在公元529年编写的，以确定本笃修道会的"DNA"。它为有效推动中世纪修行生活的标准化提供了依据。在圣加仑的修道院图书馆（Abbey Library），我们可以找到该会规的手抄本——圣高卢版本（Codex Sangallensis 914）。

系统策略

> 有效的企业高管不必做很多决策。他们通过策略解决普遍的问题。
>
> ——彼得·德鲁克

用作系统策略的主控程序与传统的企业策略概念有着根本的区别。从本质上讲，它纯粹是建立在经济学基础上的。正是综合的系统策略借助于系统的内在力量引发了从调节到自我调节、从组织到自我组织的飞跃。

㊀ 《圣本笃会规》共73章，系统涵盖了修道院的生活守则、教导规条、人际关系、体制层次、灵性活动、个人和群体需要等方面。它既清晰地指引修士的生活，又让修道院秩序井然。除了圣高卢版本，还有其他版本（Codex Divionensis 114）。——译者注

控制、引导和调节是对"管理"这件同样的事情完全不同的表达。它们的基本意思是相同的：在无秩序之处建立秩序，并且指引业已迷失的方向。调

> 在无秩序之处建立秩序，并且指引业已迷失的方向。

节要借助规则实现。与系统相匹配的调节总是遵循相同的控制论逻辑。

从控制论的意义上讲，治理的含义是管理系统，以确保系统能够自我管理、自我调节和自我组织。

主控程序的设计必须依据某些关于内容和形式的原则。毕竟，总会有人可能把组织策略写成平淡无奇的声明或一堆废话。它经常发生在控制的目的不为人理解的时候，倘若如此，策略的拟制也只不过是在做表面文章而已。

要避免这种情况的发生，需要有规定内容和措辞的规则。自我控制的目的也会起到关键的作用：它们的内容表示对组织在不确定时间里的运营和运行的决定。在外部或内部的信号表明可能存在改变的要求之前，这些决定是有效的。

请注意，根据两个层级的概念，作为调节工具的

控制必须与组织的运营区分开来。它们的搭配组合可能因组织类型的不同而不同，但其效果总是相同的。例如，医院的策略和公司的策略所产生的效果相同，而大学有其明确的目的（通常记载于历史悠久的章程中），机场也是如此。

若以组织的目标为例，这些控制措施所具有的重要性和影响力就十分明显了。将目标定义为创造股东价值还是满足消费者，这其中有很大的差别，企业的管理因此会走上非常不同的道路。到头来，以股东价值为目的即为公司最终走向垮台埋下了种子，而以让消费者满意为目的则可以确保企业持续兴盛。

组织模式

组织模式是另一个有助于管理复杂系统的工具。系统的模式就是它的行为方式。利用称之为"模式"的主控程序，你可以确定或更改一系列基本的一般状态或组织程序。用控制论的术语讲，通过在一系列模式中做出选择来控制系统的可能性被称为"潜在命令的冗余"。

通常，模式必定是相互排斥的，这一点很重要。

一个系统一次只能采用一种模式。例如,对于生物体,典型模式包括睡觉、进食、逃跑和攻击。动物不可能在逃跑时吃饭,或一边搏斗一边喝水。

在任何模式下,只有某些行为可能取得最优的业绩。除系统的行为之外,模式的变化也会导致其组织的变化。因此,基本上存在各种组织可供你选择,通过观察,你可以看到这种现象:例如,一队消防员从待命状态转换成应急模式所带来的变化。

在需要的时候迅速让组织进入特定情形下的具体行为模式是企业高管的任务之一。然后,其所有的活动必须置于这个高于一切的优先事项之后。做出这样的决定才是真正的领导者,考虑到它对整个组织所产生的巨大影响,以及错误决策所导致的风险,尤其如此。它也是丧失领导力的最有效的途径,你要错报多少次火警才不会无可挽回地失信于人呢?

至于组织,我定义了以下七种模式。它们基本上适用于所有的组织类型:

- 模式一:普通企业。
- 模式二:明显在追求增长,它们通常为管理机构、投资者、工会和大众普遍接受。但是,实施时,模式二通常很难做到既有效,又效果显著,因为固有的惰性会形成阻力。在众多其他因素中,它取决于增长是如何实现的。相比通过并购实现的增长,基于自有财力实现的增长在管理重点上有所不同。通过增加销售实现增长,却没有获得市场份额或提高生产力,犹如未检测到肿瘤在生长。

- 模式三:变革,它取决于理应得到最佳应对的变革的类型。根据 S 形曲线图(见图 3-1),变革管理有以下三种不同的应用:①沿"黑色曲线"的创新;②确立和培育"灰色曲线";③从"黑色曲线"转换成"灰色曲线"。三种应用都涉及程度非常不同的复杂性,这就是它们需要不同的方法和工具的原因。

- 模式四:这是一种特殊情况——非常有效的主控程序的变种,因为它涉及大量的灵活性。特别是在模式的测试版本中,它是已被证实了的实现创新和变革的可靠手段。它与问题管理密切相连,我们稍后将要讨论。技巧在于做决定,即在各种特定情况下,决定应该在平常解决问题的结构之内解决问题,还是在之外解决问题,是否应被视为初步的和在短时间内可逆转的,以及在何时它应被看作确定的。很少有哪件事情能带来如此多的好处。复杂项目管理到位的组织通常可以顺利地应用这种模式。

- 模式五：径直退却，通常有难度，这要看退却是影响组织的一部分还是影响整个组织而定。投资者的反应与员工和工会有所不同。通常情况下，打退堂鼓与经理人的自我形象和组织内外对他们的期望相抵触。即便是部分的退却，也往往是犹豫的和被动的，甚至会有积极地抵抗。军事组织则完全不同：撤退是每个指挥官和部队标准作战行为的一部分，并且要相应地接受训练。

- 模式六：控制危机。

- 模式七：大多数情况下，采取紧急措施已经太迟了。它们经常会出乎意料地击垮公司，因为人们缺乏勇气在适当的时候面对危险的处境。它通常会耗费很长的时间，以至于无法做出获得组织机构批准的决定，这就是它们实施起来往往困难的原因。然而，这也正是需要领导能力的时候。

如果成功的话，模式的变化会非常有效。在任何经受过这种特殊培训的组织中，你都能看到这种情况，比如急救组织、军队或医院。在其他情况下，模式的变化是困难的。它们需要与协同整合（syntegration）有关的新方法，稍后我会对此加以解释。对于21世纪巨变及其三个挑战——黑色曲线、灰色曲线和转型区域来说，变革模式显然是正确的选择。组织必须全神贯注，发挥其所有优势，致力于应对转型带来的挑战。

> 变革模式显然是正确的选择。

组织问题

该问题是暂时但意义巨大的特别议题，它需要从综合和高层管理权威的角度进行基本的思考，并且需要在通用流程规则之外加以处理。

问题管理有助于保持组织的灵活性，而这种灵活性可以平衡持久、有效的策略与意义重大的特殊理由之间的关系。如前略述，系统策略规定了组织的基本特征和长期特征。因此，它将复杂性增加到正常运行所需的程度，换言之，达到了使相应数量的员工可以自我组织的程度。同时，策略也会定义规则，并因此降低复杂性。这两个方面都是必要的。

在制定策略时，显然你可以只使用当时掌握的信息。但因为组织及其环境不会静止不变，所以企业高管必须长期不断地检视新的发展跟他们企业当前策略的相关性。选择筛选器就包含在策略本身，它决定了选择要处理的问题的相关性。

问题管理旨在提高灵活性和多样性，它故意地打断或规避了已建立的组织和个人的方法及责任，以便可以根据其在更大整体中的重要性，对一个特定事件进行严格的处理。

当我们提到优先考虑的问题时，问题管理远不是我们通常所说的含义。它意味着要应对已建立组织模式之外的挑战。

由于良好组织策略的主控程序效果，特别是基于复杂管理体系的情况下，管理能力获得了释放，在日常运营事务中占据次要地位的事情，或在一个特定的基础上得以解决的事情，通常很少引起关注和（或）被忽视。忽视会有帮助，但只能对不重要的事情而言。

巨变的导航助手

多年来，在寻求解决问题的良方过程中，我们发现很多系统控制论的解决方案。它们是成套的方法和工具，有助于企业高管在转型阶段把握方向。它们让组织的控制变得容易，让人可以看清事情的端倪。

借助这些导航的辅助工具，企业高管会发现可以比较容易地解决原本困难的任务，明确企业当前所处的位置，并确定下一步怎么走才是适当的。

这些工具都是建立在实时控制原则基础上的。具体而言，它们包括组织的协调中心、运行控制中心、可生存系统模型（VSM）、敏感度模型和协同整合通信。你可能觉得怎么这么多新词汇。是的，没错，这是因为它们都是新的工具。老词汇不再适合新时代的导航，旧地图无助于发现新大陆。

这些工具组合在一起会形成一个强有力的社会技术，帮助组织实现从"黑色曲线"到"灰色曲线"的转型。

实时控制

生物体会依据实时的原理加以运行，这是控制论的基础发现。在任何给定的时间点上，生物拥有在那一刻所需的有关自己和所在环境的信息。通过强有力的反馈，每一次变化都被实时地传递给神经系统的控制中心。

其结果是整个系统的感觉和运动机能之间形成一个封闭的循环，将生物体与其所在的环境融合为一体。每一次的运动变化会立即"显现在屏幕上"。大脑关于身体和环境组合状态的信息会针对某个特定时间的事实做出反应。因此，越来越精确的感觉器官和运动系统及其实时的信息链接的互动会导致越来越高级的生命形式的进化，而这种生命能够在越来越复杂的环境中占据优势。

在日常生活中，我们会很自然地应用这一原则。很难想象若是没有它，生活会是什么样子的。如果没有驾驶辅助系统的实时控制，难以想象在夜间或在雾天我们如何安全驾驶。今天，它们已经成为精密导航系统的一部分，是现代汽车的标准配置。它们为司机带来了福音，即便是普通司机，在最恶劣的天气情况下驾驶也会比较安全。

"实时"的具体含义取决于系统的变化动态。例如，司机需要随时知道当前的车速。对于油量和油压，获知的间隔时间略长是可以的，但其临界低位必须随时让司机看到，这再次强化了实时原则的重要性。

枢纽原则和一人负责制

最适合观察枢纽功能的地方是各大机场，机场的塔台管制员负责协调。该系统有一个恰当的名称——空中交通管制。

枢纽就是网络的通信节点或星点，它必须以以下方式组织起来，即在一个地方，任何时候都对是否一切尽在掌握或干预的必要性有着充分的认识。若想达此目的，必须确立一人负责制原则。它指的是源自生物体及其神经系统和大脑运行方式的全自动智能控制。在空中交通管理中，这些实用原则就是标准。缺少了它们，什么事情也不会正常运行。不过，它们必须为人所知，并且得到尖端技术的支持，而这些尖端技术可以确保可靠性达到最优。

枢纽组织结合了分权式结构和集权式结构的优点。多数组织会对它们实现的权力分散化的程度感到自豪，为此它们常常花费数年的艰苦努力。权力下放工作做得越好，系统的单个元素相互联结的需求就会越少，这些单个元素包括业务单元、产品线、部门、地点和子公司。

然而，变化的速度越快，权力下放必须越多地用信息流的重新集中加以补充和覆盖。其目的不是为了干扰人们的决策范围或任务，而是要确保在出差错时及时采取干预措施成为可能。

> 变化的速度越快，权力下放必须越多地用信息流的重新集中加以补充和覆盖。

生物体和神经系统以同样的方式组织起来。虽然个别器官独立工作，但每当有什么不对劲时，疼痛信号会直接回报给"指挥部"。癌症是个例外，它的系统不是这样运行的。它静悄悄地生长，通常在人还没有开始感到疼痛之前，就已经进入了晚期。

运行控制中心

空中交通管制员自然非常熟悉大型航空枢纽。军事行动期间，首先要做的不是调遣部队，而是设立协调和指挥中心。太空飞行也要接受综合控制中心的管理，体育赛事、急救中心、发电厂和先进的制造工厂亦然。在组织管理中，这种大型枢纽仍然是罕见的。

这些中心名称各异,如作战情报中心、行动信息中心,或简单称之为"运行控制中心"。运行控制中心是实时控制的有形表现。它们是高级专家的会议室,这些专家管理着复杂的运行,比如航天任务,他们自始至终要日夜不停地实施控制。一旦诸事顺利,他们就会报告说"任务完成"。若遇意外事故,如前所述,这就是整个组织开始模式转换的时候,是状态信息显示在屏幕上的时候,也是行动信号被发送至分散的运行单元的时候。

利用一个适当的运行控制中心,你甚至可以管理之前似乎难以控制的最复杂的任务。有些运行控制中心技术含量很低,配备的只是一些挂纸板、钉板、手动更新设备等,即便是这样的中心,通常也会带来运行的大幅改善。

正如我们曾经为了试验所做的那样,你一旦停止使用它们,系统就会重新陷于瘫痪状态。所有的运行都出现了问题,焦虑不安的心理四处蔓延,良好的氛围因相互抨击和指责而破坏殆尽。

然而,一旦运行中心被重新恢复,瘫痪状态就会迅速消失,没过多久,运行将会再次变得令人愉快,即便是非常复杂的项目也是如此，因为一切又"处于控制之下"。

组织的神经系统：可生存系统模型

我们如何使现代矩阵型组织运行正常？如何拆除条块分割的藩篱？如何减少行政管理、公司总部和国际组织的官僚习气？如何化解易于在传统组织中发生，并且像恶性肿瘤一样生长的僵局和棘手的冲突？这些都是由组织控制论提出的关键问题。

可生存系统模型是组织控制论的重大发现之一，它可以帮助我们解决上述问题。我们将它归功于斯塔福德·比尔。自20世纪70年代中期以来，我与比尔保持着长期的工作关系和友谊。可生存系统模型就是人的中枢神经系统的抽象模型。该模型表达了我们所了解的某些事情，包括我们未知知识的空白，它相当于地图上的"白点"。

可生存系统模型的目的是提供一个"激活"组织的模板。因此，可生存系统模型是一个组织利

> 可生存系统模型的目的是提供一个"激活"组织的模板。

用全自动智能控制系统的通用模板，是依据中枢神经系统建立的模型。它整合了目前为止讨论的所有控件：枢纽、运行控制中心、敏感度模型和更多其他的元素。

当我们发现不用移动任何东西就可以重组时，的确让人感到惊讶。

我听到有人说："能再说一遍吗？"是的，没错。诀窍就在于"重塑"不同的组织单元。管理者对于要解决什么问题犹豫不决，而无法确定的对象正是重大的结构调整，其中，部门、工厂、下属组织等有形物体会因拆分、合并、重建或淘汰而发生变化。但是，他们并不介意这些元素是否会改变他们履行职责的方式，只要能用另外的方式达到目的就没有问题。

当心脏的神经脉冲传导功能失常时，我们就需要起搏器。它安装在哪个部位并不重要。它的基站基本上设在的一家数千英里之遥的专科医院，从其数据云为特定的心脏发送信号。如果软件需要修改时，不必做心脏手术就可以做到。运行系统的更新可以上传到我们的电脑，而我们却不必改变自己电脑的程序。

重要的是，进出我们心脏的虚拟"电线"需要在两头正确连接，以便准确地提供符合生理学的刺激脉冲，而心脏本身仍然在它该在的地方。没有必要进行"结构重建"或"重组"，而是医疗仪器被"功能重组"了。心脏接受了一个新的枢纽。

虽然这听起来可能有点匪夷所思，却是许多任务的实际情况，不只是医疗业，航空航天也是如此。我们把"解剖生理"元素的重组与"神经智能控制"的运行相分离。这从灵活性、适应性、加速和绩效等方面为组织带来了极大的改进潜力。

组织反馈回路的敏感度模型

……世界上的事，看清其背后无形的联系往往比看到事情本身更重要。

——弗雷德里克·韦斯特（Frederic Vester）

就像我们指尖上的末梢神经纤维一样，反馈回路是肉眼看不到的。然而，我们根据系统的行为可以推断此处必定有反馈回路，否则，系统可能会按照不同的方式运行。如果我的手指突然麻木，那一定有什么事不对头了。

当我们知道去哪里找毛病时，我们就能发现事情的起因。为了确保我们能在正确的地方寻找，生物控制论灵敏度建模的方法会有助益。其名称涉及检测敏感组织的关注点及其彼此之间因果关系的能力。这一领域的科学拓荒者为迪特里希·多尔纳和弗雷德里克·韦斯特。

利用灵敏度建模，我们可以识别组织行为中不稳定的反馈回路，诊断控制论失误，并确定消除它们的方法。从医学上讲，我们会得到类似于现代版本的回路 X 射线，这些回路通常有 100 种结合的方法，并且能够识别传感开关节点。

甚至通过只是将单个的代数符号从 + 改成 −，我们就能从根本上改变一个系统的状况，比如从交通拥堵变成疏通，从瘫痪变成生龙活虎，从亏损变成盈利。

变革的社会技术：协同整合

为了能在应对复杂性挑战时掌控局面，我们如何整合一个组织中分散于数百人头脑中的知识呢？我们如何才能争取到志同道合的人，与我们一起踏入未知领域呢？我们如何利用与组织密切相关的才智和能量呢？

协同整合法的控制论通信流程使得这些事情成为

可能，并且比采用其他方法的效率和速度高出几倍。请记住控制论的定义说的是"利用通信控制"。

协同整合是管理复杂性、互联性和快速变化的高效能通信方法。通过同时通信和相互连接（类似于人脑的神经元连接），许多人找到了解决复杂问题的新方案，而且这样的人需要多少有多少；利用这一方式，他们共同的知识、经验和集体智慧、社会能量促生了新的解决方案。

> 协同整合是管理复杂性、互联性和快速变化的高效能通信方法。

两个自然法则为此奠定了基础：将过去分离的东西连接起来，新生事物由此诞生。将曾经依次做的事情同时做，不但产生了新事物，而且速度越来越快。法则之间的互联性和同时性乃是新世界最强有力的设计资源。

运用协同整合通信，情绪和态度可以迅速而持续地改变，文化价值观亦然。传统方法的惰性很容易就会摇身一变进入新世界。这些沟通和决策的方法是加速器和放大器，有利于掌控转型和改变组织运行模式，实施效果迅速而有效。

在讨论 21 世纪巨变的推动力时，我已经提及解决问题的传统方法，比如小团队、中型会议和大型会议，并且指出了这些方法的局限性。面对高度复杂的挑战，上述三种方法都会不堪重负。

例如，人口、生态、科学、研究及其应用的挑战需要代表各学科的众多专家的互动。在很多情况下，这要取决于众多专家之间交流和沟通的有效性，而往往这些专家所在的领域差异极大，他们每个人都有自己的术语，并用各自的方法处理高度复杂的问题和关系。

NAVIGATING
INTO THE UNKNOWN

第 8 章

试探法：新世界的导航原则

> 对于我们的世界来说，算法过于简单了。
>
> ——鲁珀特·里德尔（Rupert Riedl）

在前面的章节中，我谈到过算法这个问题，当时讨论的是数字化世界的日常生活。算法如同数学一样古老。而先于它们出现的试探法甚至可追溯至更远。在我们体验和探索 21 世纪巨变时，它甚至显示出了更大的重要性。

算法是实现一个清晰而具体的目标时所采取的步骤序列。试探法是为了确定方向和接近一个我们无法准确确定的目标时所采取的步骤序列。你知道目标是什么，但你不知道它在哪里。

> 算法是实现一个清晰而具体的目标时所采取的步骤序列。

这听起来可能有点抽象，但若你想到游戏的例子，它就容易理解了：因为每场比赛都有规则规定如何玩。这就是算法。然后，还有规则规定你怎么赢。这些就是试探法。

米哈伊尔·博特温尼克（Mikhail Botvinnik）是俄罗斯国际象棋世界冠军，他写过一篇引人关注的专题论文，论述赢得国际象棋比赛的系统规则。他的结论之一就是试探法：即使你不知道原因和为了什么，但每走一步棋都要巩固你的地位。这算是陈词滥调吗？也许是，但它非常有效。对于那些不知道国际象棋比赛复杂性的人来说，这就是一句老生常谈，因为一局国际象棋比赛可以走 10^{155} 步棋，那可是 1 后面 155 个 0。然而，管理一个组织要比一局国际象棋比赛复杂得多。

下面选取了一部分用于掌控复杂局面的经典战略原则。其中很多历史悠久。它们常常被误认为是获取并保住权力的战略。事实上，它们与权力没有很大的关系，本质上是为身处复杂环境下的人提供指导，指明方向，因为形势复杂，我们所知不多，却不得不为自己探明道路。

基于这些试探法，有人会说：貌似力量巨大之处往往是极为无力之处，反之亦然。

以下原则并非直接出自控制论。如前所述，它们都是很古老的；不过，它们是自然界中的控制论，因为它们在其他手段败下阵来的地方实施了控制。

情况不确定时评估形势的原则

1. 超级系统现状评估原则

"始终确保将学科特有的问题和系统性问题区分开来。"例如，一所大学最优秀的科学家也会是最胜任校长的候选人吗？若此人有这个能力，该大学适合任命他当校长吗？此类问题无法在具体学科层面上解决，只能在系统层面上解决。

2. 完整评估形势的原则

"思考你的未知知识，探求系统的整体性。"当系统是复杂的和超复杂的时候，你可能永远不会对其形成完整的认识。这一原则等于是在不断地提醒我们：不可避免地，我们有自己不知道的事情。更重要的是，它提醒我们要避免从自己的角度评估形势，并且避免用简单的因果关系思考问题。我们需要做的是反映关系的各个方面以及关系本身。

3. 开放系统原则

"所发生之事可以是不可预知的、意想不到的和无法想象的，因此要时刻做好这种心理准备。"在复杂和动态的系统中，无法预料的事情总会发生。在持续的变化发生时，它总能带来新的发展。例如，在急诊病房里，医生会在任何特定的时间里做好准备。但在许多组织中，人们并不是这样做的。

4. "扬长避短"原则

"永远不要假定其他人知道的比你少。"能力必定总要受到现实的评判。忽视这一原则更为有害，也就更难评价对方。它表明了理智行为的可能性和局限性，在竞争和合作的情况下，它是不可或缺的。

5. 选择补充目标的原则

"选择可以让你同时处理几个目标任务的措施。"通过利用复杂性，同时致力于几个目标的控制干预作业会提高绩效，甚至会使之成倍地增加。

6. 避免受倾向性信息影响的原则

"确保你知道自己所收信息的来源和关键内容。"这一原则提醒我们：在评估一种情况时，我们会精心收集数据，但永远不要在不考虑这些数据的性质与来源的情况下就受它们的影响。同时，我们应该意识到，在复杂系统中，实际上有无数欺骗性和迷惑性的策略，它们既存在于日常的人际交往中,又存在于竞争关系中。

控制能力和建立关系的原则

1. 灵活性原则

"为自己留出回旋的余地,不到最适当的时刻不做承诺。"对未来的发展保持开放的态度,如此,我们就能够对不可预知的事件和随着进展转而不利的事件加以灵活应对。

2. 未雨绸缪的原则

"确认风险的类型。"有些风险我们可以冒,有些则不能冒。此外,还有些风险我们不冒又不行。所有的战略措施必须就其对未来的潜在影响接受检查,我们必须确保拥有或可以获得实现方案所需的资源。关键在于,要承担的风险只能是在"你有能力掌控局面"的范围内,即使造成了严重的损失,你也要有能力挽回局面才行。

3. 可逆性原则

"必须考虑你是否有能力改变自己的决定,以及改变之后会发生什么。"重要的是,要弄清楚决策何时是不能更改的，何时是可改的。

4. 相继做出继续或不继续之决定的原则

"在看到前期措施的影响之前不要采取下一步的行动。"随着形势变得越来越复杂，这一原则愈发重要。基于哪些中间结果，我们能否评估该方法的影响？这需要进行审慎的不可逆点（point-of-no-return）的管理。如果一不留神落到了无可挽回的地步，那就太晚了。

5. 掌握主动权的原则

"走在变化的前头。"之前我讲到过这个问题。试探法表示：你需要确定将要采取的步骤顺序，或至少对此有发言权，以免身陷困境，不得不遵守先到之人确立的游戏规则。

6. 监督你的选择的原则

"行为总是为了增加选项的数量。"简洁说出这个完美观念的正是海因里希·冯·弗尔斯特（Heinrich von Foerster）。

7. 留有退路的原则

"总要保住说话的机会。"有一件事无论如何也要避免，那就是迫使对方陷入对峙的局面。在与其他人打交道时，要避免丢面子，维护双方讨论的根基，以便能够在某一时刻重新建立与控制相关的关系。

信息原则

1. 靠近信息原则

"保持信息路径的简短和直接。"这一原则对于避免失真和对信息的不经甄别的筛选至关重要。它揭示了与系统匹配的组织策略的意义。通常有效但不确定的策略能在任何地点、时间满足所需实时信息的要求；不论管理机构当时处在何处，也不管这些信息能否取得。

2. 解释行为的原则

"说出你要做的事情。"这一原则以建立信任为目标，通过公开宣布你的意图，使难以预测的形势变得可以预测，比如"当什么和什么发生时，我会……"这一类的话。当然，只有之后你能说到做到，它才奏效。

3. 评估原则

"检查你的导航控制点，早期就要做，且要不断地做。"无论你处理的是社会系统或技术系统，这一原则在于提供参照点，使你能够在任何既定时间看清所实施的措施是否达到了预期的目的，是否有助于实现所追求的目标。在道路交通中，有中线、路缘带和交通标志，它们旨在向司机表明：他们是否行驶在正确的线路上，前进的方向是否正确，速度是否合适。评估有助于确定明智的策略是否正在以合情合理的方式制定，并被有效地传达和实施。

说服力原则

1. 可靠性原则

"说到做到。"必须履行承诺。关键是要保持说服力、未来的可信度、声誉和个人的权威。

2. 言行一致原则

"说话算话。"没有什么事情比不承认之前宣布的打算更迅速、有效地损毁你个人信誉的了。这无关乎坚持原则或固执。然而，如果现在业已证明以前做出的决定或表明的态度并不那么明智，不再按既定方针办那是再正常不过的事情了。如果你必须这样做，请务必陈述你的理由。

我的书《战略：应对复杂新世界的导航仪》(*Strategy*

for the Management of Complex Systems）⊖列出了更多试探法原则。此处所选的原则在性质和互联性上都相当普遍。它们可以调节大量因服从个人或联合的原则而导致的行为。鉴于备受破坏的现状，我选择这些普通的导航原则。与随机的搜索过程相反的是，这些试探法有助于通过审慎探索达成未知的目标。

⊖ 此书中文版已由机械工业出版社出版。——译者注

NAVIGATING
INTO THE UNKNOWN

09

第 9 章

从混乱之地到新目的地

现在我要看看谁更强：我还是我？

——约翰·内斯特罗伊（Johann N. Nestroy）

第 8 章讨论的主题是管理组织运行的能力。现在，我们开始探讨管理人，或者更恰当地说，管理人们生活适应力的问题。

在我们目前的社会，管理能力已成为每个人找工作的必备条件之一。如前所述，今天几乎人人都要工作在组织中。不过，几乎没有人为此做好准备。这几乎跟你让没有驾照的人开车上路一样。

在组织中，管理在以下几个方面都很重要。要么你是经理，必须能够管理其他人。要么你有上司，为了能与他处好工作关系，你需要知道经理人如何思考和行动的基本知识。你还需要与同事合作的管理技能。

然而，正确而良好的管理的起点始终是你自

> 有能力管好自己是有能力管理他人的关键性先决条件。

己。有能力管好自己是有能力管理他人的关键性先决条件。

在变革时代，你有理由和机会调整与提升你的绩效能力。无论你需要它来干什么，你个人的绩效及由此获得的成就是你的主要资产，是你在任何组织中工作的本钱。它是你可以用来也应该能够转化为成绩的资源。在变革时代，机会尤其会留给一直在进行自我完善的人。复杂性的社会将依据自身可靠运行所能达到的程度来衡量自身的成功。

> 在变革时代，机会尤其会留给一直在进行自我完善的人。

局限性的处理

如此说来，从旧世界到新世界的转型将会导致分界线的根本转变。哪些边界（如果有的话）将保持不变以及其中的哪些将彻底消失，实在难以预料。这就是为什么探索比分析更重要，测试比规划更重要，搜索比发现更重要，试探法比算法更重要。

变革时代的航行也意味着要把目光投向当前的边界之外，测定新的航向和坐标。例如，18 世纪初，没有什么比确定经度更重要的了。因为当时纬度能够正确确定，而经度无法确定，由于缺乏方向定位而发生过无数次航运灾难。不管是因为看到了英国女王悬赏的天文数字般的奖金，还是希望赢得名声和荣誉，当时包括艾萨克·牛顿（Isaac Newton）在内的所有学者都在努力寻找在公海上准确确定经度的方法，但他们都失败了……

又过了40年的时间，约翰·哈里森（John Harrison）最终解决了这个问题，他是林肯郡的一位普通工匠，就职业而言，他是木匠；从爱好方面看，他是制作时钟的人。然而，他却因为这项成就遭受到猛烈的抨击。但哈里森为导航员开启了一个新的地理世界，因此也开启了一个充满希望的新世界。

转型变化改变了感知的局限性。它们改变了我们所了解的限制和边界的类别，即我们用来描述感知的语言的限制，以及对思想和行为的限制。这些变化也扩大了对所需业绩的限制，以及对可能业绩的限制。对于个人能力和决定这些能力的工作作风也常常如此。

我见过很多成功的企业家和经理人，他们在有生之年改变了工作方法，甚至往往连生活方式也做出了改变，而这并非是因为他们不得不这样做，而是因为他们想要如此。这是他们超越极限，向新海岸进发的方式之一。这代表着他们的领导能力。

你达到了极限，你必须决定是接受它还是不接受它。长期以来，我们在生活中感知到的极限成了我们工作方法和生活方式的限制，然而它们远没有达到对我们的绩效能力产生实际限制的程度。

体现自我的领导力

如今，对于压力及与其有关之事的抱怨可以说是随处可闻。社会提供了很多不同的资源可以求助，每天都会提供许许多多的指点和建议，以至于想尝试都尝试不过来。

我对待压力的问题非常认真，因为很多经理人参加过我们的研讨会，却只有极少数人声称他们不存在压力的问题。这种多样而广泛的经验为我的立场提供了依据，本质上它有别于主流思想。恰恰是因为我认真对待压力、心力交瘁以及工作生活的平衡，我才会寻找解决方案，但我的研究方向大为不同。

多年以来，我的解决方案是我在其他地方没有听到，也没有读到过的。我的建议是：学会有效和出色地工作，这样你就不会承受压力了。成为高效而专业的人士，你就会过上作息正常而丰富多彩的生活。当人们第一次听到这些话时，他们通常都是瞪大了眼睛看着我，因为这不是他们预期要听到的东西。然后，他们就会开始思考我的这一番话……

> 学会有效和出色地工作，这样你就不会承受压力了。成为高效而专业的人士，你就会过上作息正常而丰富多彩的生活。

在多年与经理人共事以及对他们的管理培训中，我往往特别注意那些似乎没有感觉到压力的人，他们往往是一些非常成功的人。我有兴趣想看看他们是否有什么共同之处。这些女士和男士有什么共同的特质，有没有什么模式类型，到底是什么原因让他们感觉不到压力，而且不存在要平衡工作和生活的问题呢？

答案是肯定的。我观察到有五件事情始终是相同的：

（1）这些人有一份可证明其存在意义的工作。

（2）他们拥有良好的人际关系，不管彼此有什么性格脾气，他们会及时中止出现了问题的关系。

（3）几乎所有人都会利用部分空闲时间致力于慈善事业和服务于社会。他们不只是一个组织中的高管，也是开放社会的一名公民。

（4）他们追求个人的兴趣爱好，如艺术、音乐、文学或历史，甚至超过了他们的职业；他们对这个世界及其美丽感到好奇。当职业开始让他们感觉乏味无趣时，他们会有其他的力量源泉。

（5）他们的生活方式健康，注重健身，因为他们知道这对他们的精神和灵魂非常重要。

不断提升个人绩效

在变革时代，企业高管的个人绩效愈加重要。很多人在这方面存在问题，而其他人却很容易实现。区别在哪里呢？

在几乎所有情况下，它涉及两件事：人们的个人绩效和他们内心的态度。为了说明这两个方面，我选择与企业高管打交道时经常要面对的一些关键问题。

成功管理的关键是每个人的个人有效性，它甚至对于成功的人生和 21 世纪巨变的导航也同样关键。做正确的事情,并用正确的方式去做,这就是有效性的定义。

> 成功管理的关键是每个人的个人有效性,它甚至对于成功的人生和 21 世纪巨变的导航也同样关键。

有效性是企业高管职业的根本。它可能不是他取得成功的原因,但肯定是最基础的东西。管理者所执行的任务就是把资源转变为成果。这些资源包括他们自己的才能、优势、知识和经验。管理意味着确保一切运行正常,而且要从自己开始。

在变革时代,我们必须更为有效才行,因为我们要进入新的领域,不得不应对一个未知的前途和命运,因为之前的成功模式不再奏效,还因为积累的许多经验不再有用。

更加有效并非意味着更多地工作,而是意味着更聪明地工作。相同的东西没有增多,多的是新的和不同的。当你致力于自我提升时,你可以终生保持不断进步。我的经验是,不管你的年龄有多大,如果你严格坚持的话,每年可以增加 5% ~ 10% 的有效性。所以，在 40 岁的时候，你几乎一定有机会使你的有效性倍增。你用这种增长的潜力做什么则完全取决于你自己。

我建议在考虑提高有效性时不要把它当成是必然的，而是一种可能和一种希望，即人天生具有但往往被忽视的好奇行为的目标。你就应该这样为自己确定新的导航装置。如果你面对的是一件必然的事情，你就会有困于旧范畴的风险，在一场不可能取胜的战斗中竭力地自我较劲。

无论转型最终在何处发生转变，你都会有业绩储备。变革时代的导航也意味着为取得新绩效的能力寻找一个新的基准。

有三点对你的个人有效性始终是至关重要的，而且它们是渐增的：自我时间管理、个人优势利用，以及严格聚焦于少数优先事项。

每六个月左右，你就应该为了做出诊断写大约一周的日记，目的是查看你的进展，你把时间花在什么事情上了，以及你在那段时间里做成了什么。你很快就会认识到你是可以改进的。你也会经常对自己在不重要的琐事上浪费了大量时间而感到惊讶。

一个特别有用的原则就是"不要再做错误的事情"。它会极大地促使你进步,因为它不认同旧世界的行为方式,即做更多的事情,而不是继续做无用和过时的事情,这才是新世界的原则,如此,才会为新事物腾出空间。

当新事物出现时:按指示管理

有助于应对变化和复杂性的另一种方法是借助与任务直接相关的指示来管理。它经常被人混淆为命令式的行为,因为在外部人看来二者是类似的。但在现实中,它与发号施令截然不同。它是在信息和通信基础上的柔性管理,即通过指示来管理。

> **有助于应对变化和复杂性的另一种方法是借助与任务直接相关的指示来管理。**

如果目前的情况是某人所熟悉的,那么,按照传统的管理,按照顺序依次做事就好了。在这种情况下,你可以将"做什么"和"如何做"留给员工决定。但是,如果处在新情形下,而且新形势不断地快速变化,你就不能指望员工自动做出正确的事。所以,你需要积极地向他发出指示。

从汽车或智能手机的导航系统最容易看到此方法的不同与益处。来到一个陌生的城市，我们可以用它们给自己指路，既有视频方式的地图，又有音频的指示。"直行900英尺[1]，然后在路口左转；到第二个路口右转，行300英尺后再右转，驶入车道……"

尽管措辞差不多，但这样的指令不是通常意义上的命令。它们是为了有效地完成任务而建议遵从的信息片断集。烹饪食谱和礼仪规矩都属于同一类别。

在此例中，我所说的是对某个具体的人完成具体任务所给予的具体帮助。机场的标示系统具有类似的功能，设计它们的目的是为既不认识其他人又不知道自己目的地在哪里的无数乘客提供导向服务的。每位乘客可以在既定的时间选择他所需要的信息，从而找到他的目的地。如果你从苏黎世机场去法兰克福，你会挑选航站楼、登机口和航班号。如果你将飞行数据输入自己的智能手机，不管你从哪个位置开始，你都会被实时更新的信息引导到正确的地方。

这样的系统能使人在新的不确定条件下做出正确

---

[1] 1英尺 = 0.3048米。——译者注

的事情。指示和信号为我们在不熟悉的环境中采取行动提供了向导，防止我们紧张、焦虑，并带来确定性的信息，即使在未知的环境中，我们也能找到路。

不只通信，还有元通信

跟个人和团队一样，系统受信息和通信所控制。然而，在复杂的情况下，只有这样的信息还不够。它还必须是让人集体得知每个人都已获知的那类信息。

这是关于通信的通信，如果你愿意的话，也可以说是更高层次的通信。在控制论中，它被称为元通信（meta-communication），能够使个人和团队进行自我控制，如果有必要的话，还能够使个人和团体进行自我组织。对于此，不仅作为个人能够做到，作为一个团队尤其应该做到。

所有人必须知道人人都知道每个人知道完成任务所需的一切。这个想法可能对许多人来说很陌生。如果每个人都知道他需要知道的东西，还不够吗？有时不够，但通常，越来越多的时候不是不够。正是从这一点出发，我们开始理解作为通信和控制科学的真正的控制论。仅仅是双向通信不足以掌控复杂的情况。

恰恰相反，它会让误解的风险最大化。因此，必须在双边通信的同时进行元通信。

管理你的上司和同事

对于你的成功来说，你的上司和同事至少跟你自己的下属一样重要，因为他们也属于"你的系统"，从某种意义上讲，他们也必须接受管理。或者更准确地说，你必须能够与他们一起有效地工作。为达到此目的，你需要做点什么，而且要主动带头，而不是等着接受邀请。

组织中存在着压力、激励不足以及通常所说的痛苦，研究人员有所研究，媒体也有所报道。在这些研究和报道中，不称职的上司和惯耍阴谋诡计的同事经常会被提及。然而，因为无法改变你的上司和同事，所以你有充分的理由对他们施加适当的管理，所以，你不是无可奈何地"忍受"他们，而是要提高有效性。遵循以下几条简单的法则会对你有所帮助。

> 因为无法改变你的上司和同事，所以你有充分的理由对他们施加适当的管理。

1. 第一法则：管理你的上司和同事

90% 的人都不知道这一法则，这就是为什么他们甚至都不明白他们是可以有所作为的。相反，他们对上司和同事感到很恼火，有些人甚至到了因此生病的地步。

2. 第二法则：弄清楚你的上司和同事是哪种类型的人

通常，上司和同事是什么样的人你并不了解，也确实没有到必须了解的程度。但是，假以时日，你就能清楚地知道是什么让你周围的几个人那样做。如果有人喜欢阅读，那就给他发送电子邮件。如果某人是一个倾听者，最好给他打电话。如果你的上司希望用一页纸说明问题，那就给他一页纸。如果他喜欢长篇大论，那就给他一沓纸。

3. 第三法则：发挥你老板的优势

上司和同事有什么劣势你通常很快就会知道，但他们的优势在哪里？在他们可以有所发挥的领域，你可以帮助他们做得更好，取得更大的成功。这是大多数人想要的。如果你能凭借自己的努力，帮助他们实现目标的话，你的职业生涯就会随着他们事业的发展而发展。

4. 第四法则：承担起促进理解的责任

上司和同事跟你一样，都是专家。专家常常生活在一个封闭的世界里，他们有自己特定的行话。他们常常认为自己的表达没有什么不同，而且更容易理解。这就是你为什么要促进理解的原因，即激励别人，并为其他人搭建沟通的桥梁。

5. 第五法则：闭路通信

如果情况确实复杂，你就需要智能的、全自动的控制论反馈，以确保你的通信运行可靠。这些反馈被称为命令确认或执行情况报告。飞机飞行员和塔台交通管制员之间的无线电通信就是一个很好的例子。第四法则也是如此。

这个过程是简单而直接的：确认每条收到的指令。然后，你根据指示采取行动，并报告它的执行情况，而这会被与你相对应的人确认。此类简单的措施有助于系统近乎百分百地可靠运行。错误率和误解将在很短的时间内大大减少，而系统的有效性将成倍增加。

富有激情的管理

我的朋友著名社会学家彼得·格罗斯（Peter Gross）

曾经说过:"管理就是对可能性的热爱。"我觉得这一点非常重要,这就是为什么我会选择它作为标题,以体现本书最后所述的思想。

它特别适合混乱的时代和新的目标。混乱始于新的机会,取代旧事物,生成新事物。依我之见,管理是组织的职责所在,而组织允许我们进行有效的管理,以把握机遇,并把机遇变成现实。

你的业绩越好,通常你就会越乐在其中。可能并非每天如此,但你往往会从中获取力量和自信,

> 管理是组织的职责所在,而组织允许我们进行有效的管理,以把握机遇,并把机遇变成现实。

以便将来你能够越来越有效地应对更为艰巨的任务。

在完成任务的过程中,你会获得控制权,从而掌控局面。你的效率更高。甚至当你有大量的工作要做时,它也不会造成对你的生活产生消极影响的压力。

所以,需要重申的是:让自己成为新世界中一位胜任的管理者,以至于感觉不到工作压力,并把这当成你的目标。有效而专业地工作,以至于你可以承担更多且更为高级的任务,并因此有时间过上美好的生活。

享受你的工作是完成生命中可能是最重要之事的一种方式，它要比激励和金钱重要得多，正如"生命意义"概念的创始人维克托·弗兰克（Viktor Frank）所说的那样，这会让你发现自身存在的意义。

对于管理者来说，我们可以再增加一个意义维度：通过为其他人创造机会，使其发现为我们社会的组织完成任务和存在于组织中的生命意义，从而找到个人行为的意义。

结　语

……正因为一切动荡不定，现在才是塑造未来的时候。到了行动起来的时候了。

——彼得·德鲁克

本书一开始，我提到有些人会随时准备向你解释什么是不可能的，他们是些唱反调的人，这样的人会越来越多，因为越来越多的事情实际上不再有可能。这会导致不可逾越的冲突，这就是21世纪巨变比历史上其他巨变需要更多和更优秀企业领导者的原因。对于新世界将以何种面目呈现于世人面前，以及它如何运行良好，处于变革期的企业领导者会起到决定性的作用。

在一个复杂的世界中，仅仅靠企业管理学和经济学来提高企业领导者的有效性远远不够。它需要一套新的、正确而有效的管理方法，即专业的和系统控制论的管理方法。它认为管理拥有社会功能，既能使社会组织和系统可靠运行，即便在极其复杂的情况下，也能不偏离其合理的目标，又会更看重人，而非单纯的经济目标。这正是巨变中的导航必须要追求的目标。正确和良好的管理还包括具有社会责任感的企业领导者和公司治理。

为了确保正常运行，需要组织来自多个层级的许多领导者的参与。仍侧重于孤胆英雄的领导理论（完全）是旧世界的东西。当此类英雄人物宣扬激进的和平民主义的思想时，他们在政治上就是危险的。这种领导理论的拥护者是不负责任的，他们应该也必须对此有更清醒的认识。

有四点决定了一个人是否会被认为是其所在组织的领导者，因此我们可以看到其作为领导者的影响力，而第五点对于新世界则是至关重要的。然而，在一个复杂的社会中，个人及其英雄主义逐渐不再重要，团队作战能力的重要性反而日增，团队成员要以多种方式将关键性的知识结合起来，创新性地提出和实施更适合的解决方案。个人继续承担起及时识别适当团队以应对适当挑战的关键任务。然而，最重要的是，这些个人不得不为团队提供利用复杂性的正确工具。

真正领导力的第一个标志是能够制定正确的策略，因为错误的策略会让企业误入歧途，倘若策略制定者还拥有漫无目标的众人经常期望他们拥有的那种超凡魅力，那就更是雪上加霜了。

领导力的第二个标志是能够尽早让组织做好不同运行模式的准备，并在适当的时候激活正确的模式。它要求要有清晰的洞察力，真实地评估形势，并且还要有勇气，敢作敢为。

领导力的第三个标志是能够选择正确的问题，并确保它们以正确的方式得以解决。这是与主题有关的领导能力。

领导力的第四个标志是指导人们行为的规则或原则，进而是策略的实施。

领导力的第五个标志是在结果不确定的情况下进行导航和引导，这对于变革时代的导航是决定性的。

若以音乐为例，可能最容易理解。古典交响曲是"互相衔接"而谱成的，乐谱是不能更改的，它详细标明了每一个音符和延长号。可能某些部分乐谱难以演奏，却不会让人感到意外。古典交响曲并非是杂乱无

结　语

章的复杂，而是逻辑性太强造成的复杂。

新世界和向新世界的转型是复杂的，但不是"首尾相连合成的"。它没有音符，就像是边演奏边创作音符的交响乐。

爵士乐就是范例，很早就有人预见到它的新颖和复杂性。就像现代艺术一样，它是没有约束的，可以即兴创作，但并非是没有结构的或者随意的，虽然在很多人看来似乎如此，而且在自由爵士乐中，如果你识别不出音乐结构和模式，它听上去就像是随意的。

另一种范例是进化。其流程规则基于自然法则，但其结果进化了。

其规则包括概率和习性。它们的目的是利用复杂DNA的变化莫测，以确保运行在无法预测和复杂的环境中获得持续的改进。

这类似于21世纪巨变中的领导力。其规则呈现为策略和试探法。其结果会在过程中演化。其地图显示的是地形显示的规则，以及地形规则显示的规则，而非显示的是地形。

深刻变革时期的领导者将是（继续是）理解这一点的那些人，而且他们要为整个组织的正确导航建立新的管理系统，并通过自己的行动承担起两个方面的责任。我们不是来到了终点，而是处于复杂世界非常初期的阶段，因此，面临的困难是为旧的方法无法解决的问题寻找解决方案。

由于发明了与复杂性相匹配的方法和工具，在导航与掌舵方面有望取得巨大的进步。因为它们的存在，我们不再需要等待人们做出改变，从而大大增强了我们掌控变革的能力。

要求人们甚至在可能变革之前做出改变是 20 世纪的方法。今天，我们可以赋予人们应对当下变革的新方法。

随着迈出探索未知世界的每一步，我们会更多地了解接下来怎么走，更多地了解应对不确定性越来越有效的方法。这是设计与复杂性匹配的方法和模型及其反馈的目的所在。简而言之，我们一边走，一边铺路——在事物出现时，将其塑造成形。

参考文献

Ashby, W. R., *An Introduction to Cybernetics*, London 1956.
Bateson, Gregory, *Mind and Nature: A Necessary Unity (Advances in Systems Theory, Complexity, and the Human Sciences)*, Hampton 1979.
– *Steps to an Ecology of Mind*, New York 1972.
Beer, Stafford, *Beyond Dispute, The Invention of Team Syntegrity*, Chichester 1994.
– *Brain of the Firm. The Managerial Cybernetics of Organization*, Chichester, 1972, 1994.
– *Cybernetics and Management*, London 1959.
– *Platform for Change*, London 1975.
Bresch, Carsten, *Zwischenstufe Leben – Evolution ohne Ziel?* Munich, 1977.
Dörner, Dietrich, *Logik des Misslingens. Strategisches Denken in komplexen Situationen*, Reinbek bei Hamburg 1989, updated edition: 2004.
Drucker, Peter F., *Management*, London 1973.
– *Post-Capitalist Society*, New York 1993.
– *The Future of Industrial Man*, New York 1942.
– "We need Middle-Economics", in: Krieg, Walter/Galler, Klaus/ Stadelmann, Peter (Hrsg.), *Richtiges und gutes Management: vom System zur Praxis*, Festschrift für Fredmund Malik, Bern/Stuttgart/Wien 2004.
Foerster, Heinz von, *KybernEthik*, Berlin 1993.
Frankl, Viktor, *Man's Search for Meaning*, Washington 1984.
Gross, Peter, *Die Multioptionsgesellschaft*, Frankfurt am

Main 1994, 10.

Hayek, Friedrich A. von, "Die verhängnisvolle Anmassung. Die Irrtümer des Sozialismus", in: Bosch, Alfred/Streit Manfred E./Vanberg, Viktor/Veit, Reinhold (Hrsg.), *Friedrich A. von Hayek. Gesammelte Schriften in deutscher Sprache*, Band 7, Tübingen 1988, 2011.

– *Law, Legislation and Liberty*, 3 volumes, 1973, 1976.

Heinsohn, Gunnar, *Söhne und Weltmacht*, Zürich 2006.

Heinsohn, Gunnar/Steiger, Otto, *Eigentumsökonomik*, Marburg 2006.

Krieg, Walter, *Kybernetische Grundlagen der Unternehmungsorganisation*, Bern 1971.

Marchetti, Cesare, "Fifty-Year Pulsations in Human Affairs", in: *Futures* 17(3): 376 – 388.

– *Intelligence at Work, Life Cycles for Painters, Writers and Criminals, Conference on the Evolutionary Biology of Intelligence.*

Maucher, Helmut/Malik, Fredmund/Farschtschian, Farsam: *Maucher und Malik über Management. Maximen unternehmerischen Handelns.* Frankfurt/New York 2012.

Popper, Karl R., *Die offene Gesellschaft und ihre Feinde*, 2 Bände, Bern 1958.

– *Eine Welt der Propensitäten*, Tübingen 1995.

Polanyi, Karl, [*The Origins of Our Time*] *The Great Transformation*, New York 1944.

Prechter, Robert, Jr., *Pioneering Studies in Socionomics*, 2003.

– *The Wave Principle of Human Social Behavior and the New Science of Socionomics*, 1999.

Riedl, Rupert, *Die Ordnung des Lebendigen, Systembedingungen der Evolution*, Hamburg/Berlin 1975.

– *Strukturen der Komplexität. Eine Morphologie des Erkennens und Erklärens*, Berlin/Heidelberg 2000.

Schumpeter, Joseph, *Capitalism, Socialism and Democracy*, London 1950.

Ulrich, Hans/Krieg, Walter, "Das St. Galler Management-Modell", 1972; wiederveröffentlicht in: Ulrich,

Hans, *Gesammelte Schriften*, Vol. 2, Bern/Stuttgart/Vienna 2001.

Vester, Frederic, *Die Kunst vernetzt zu denken*, München 2007.

- *Neuland des Denkens*, Stuttgart 1980.
- *Sensitivitätsmodell*, Frankfurt 1980.

Wiener, Norbert, *Cybernetics, or Control and Communication in the Animal and the Machine*, Cambridge 1948.

作者简介

弗雷德蒙德·马利克（Fredmund Malik）

欧洲的管理泰斗之一，欧洲著名的复杂性管理先锋人物和管理教育家。

弗雷德蒙德·马利克教授1944年出生于奥地利，自1968年起就读于奥地利因斯布鲁克大学（Innsbruck University）和瑞士圣加仑大学（St.Gallen University），在经济学、社会学、系统论、控制论、信息论以及逻辑学、哲学等领域进行了深入的研究，获商业管理学博士学位，此后荣获终身教授资格。他是欧洲著名顶尖商学院圣加仑大学的教授和维也纳经济大学的客座教授。

1984年，马利克教授创立了著名的瑞士圣加仑马利克管理中心，并担任总裁。他是欧洲多家大型公司董事会、监事会成员，许多知名公司的战略和管理顾问，培训过数千名管理人员。他的管理思想影响着欧洲诸多的管理精英及其管理实践。

弗雷德蒙德·马利克教授的管理著作极为丰硕，其中《管理成就生活》一书自2000年首次出版以来，一直位列畅销书榜，被评为欧洲十大畅销管理书籍，至今已再版3次重印30多次，并被翻译成14种语言。1993年，弗雷德蒙德·马利克教授开始出版《马利克论管理——每月通信集》，在德语国家，它很快成为经济、政治和社会各界阅读最广泛的出版物之一。

马利克的管理思想
正在以下组织中得到运用

戴姆勒－克莱斯勒　宝马集团　德国莱茵集团

索尼　德国铁路集团　西门子

德国大众　德意志银行　保时捷

贝塔斯曼　Haereus

…………

欧洲管理经典 全套精装

欧洲最有影响的管理大师
（奥）弗雷德蒙德·马利克 著

超越极限

如何通过正确的管理方式和良好的自我管理超越个人极限，敢于去尝试一些看似不可能完成的事。

转变：应对复杂新世界的思维方式

在这个巨变的时代，不学会转变，错将是你的常态，这个世界将会残酷惩罚不转变的人。

管理成就生活（原书第2版）

写给那些希望做好管理的人、希望过上高品质的生活的人。不管处在什么职位，人人都要讲管理，出效率，过好生活。

管理：技艺之精髓

帮助管理者和普通员工更加专业、更有成效地完成其职业生涯中各种极具挑战性的任务。

战略：应对复杂新世界的导航仪

制定和实施战略的系统工具，有效帮助组织明确发展方向。

公司策略与公司治理：如何进行自我管理

公司治理的工具箱，帮助企业创建自我管理的良好生态系统。

正确的公司治理:发挥公司监事会的效率应对复杂情况

基于30年的实践与研究，指导企业避免短期行为，打造后劲十足的健康企业。

沙因谦逊领导力丛书

清华大学经济管理学院领导力研究中心主任
杨斌 教授 诚意推荐

合作的**伙伴**、熟络的**客户**、亲密的**伴侣**、饱含爱意的**亲子**
为什么在一次次的互动中,走向抵触、憎恨甚至逃离?

推荐给老师、顾问、教练、领导、父亲、母亲等
想要给予指导,有长远影响力的人

沙因 60 年工作心得——谦逊的魅力

埃德加·沙因(Edgar H. Schein)

世界百位影响力管理大师之一,企业文化与组织心理学领域开创者和奠基人
美国麻省理工斯隆管理学院终身荣誉教授
芝加哥大学教育学学士,斯坦福大学心理学硕士,哈佛大学社会心理学博士

1《恰到好处的帮助》

讲述了提供有效指导所需的条件和心理因素,指导的原则和技巧。老师、顾问、教练、领导、父亲、母亲等想要给予指导,有长远影响力的人,"帮助"之道的必修课。

2《谦逊的问讯》(原书第 2 版)

谦逊不是故作姿态的低调,也不是策略性的示弱,重新审视自己在工作和家庭关系中的日常说话方式,学会以询问开启良好关系。

3《谦逊的咨询》

咨询师必读,沙因从业 50 年的咨询经历,如何从实习生成长为咨询大师,运用谦逊的魅力,帮助管理者和组织获得成长。

4《谦逊领导力》(原书第 2 版)

从人际关系的角度看待领导力,把关系划分为四个层级,你可以诊断自己和对方的关系应该处于哪个层级,并采取合理的沟通策略,在组织中建立共享、开放、信任的关系,有效提高领导力。